O autista e *sua* assinatura

Autismo e mediação 2

ISABELLE ORRADO
JEAN-MICHEL VIVES

Copyright @2024 Aller Editora.
Título original: *L'autiste et sa signature: autisme et médiation 2*

Publicado com a devida autorização e com todos os direitos, para a publicação em português, reservados à Aller Editora.

É expressamente proibida qualquer utilização ou reprodução do conteúdo desta obra, total ou parcial, seja por meios impressos, eletrônicos ou audiovisuais, sem o consentimento expresso e documentado da Aller Editora.

Editora	Fernanda Zacharewicz
Conselho editorial	Andréa Brunetto • *Escola de Psicanálise dos Fóruns do Campo Lacaniano* Beatriz Santos • *Université Paris Diderot — Paris 7* Jean-Michel Vives • *Université Côte d'Azur* Lia Carneiro Silveira • *Escola de Psicanálise dos Fóruns do Campo Lacaniano* Luis Izcovich • *Escola de Psicanálise dos Fóruns do Campo Lacaniano*
Tradução	William Zeytounlian
Revisão	Fernanda Zacharewicz
Diagramação	Sonia Peticov
Capa	Wellinton Lenzi

Primeira edição: novembro de 2024

Dados Internacionais de Catalogação na Publicação (CIP)
Ficha catalográfica elaborada por Angélica Ilacqua CRB-8/7057

O82a	Orrado, Isabelle O autista e sua assinatura : autismo e mediação 2 / Isabelle Orrado, Jean-Michel Vives; tradução de William Zeytounlian. — São Paulo: Aller, 2024. 160 p. (Autismo e mediação: 2) ISBN 978-65-87399-71-3 ISBN 978-65-87399-72-0 (livro digital) Título original: *L'autiste et sa signature: autisme et médiation 2* 1. Autismo em crianças — Mediação terapêutica I. Título II. Vives, Jean-Michel III. Zeytounlian, William
24-5233	CDD: 616.8982 CDU 616.89-008

Índice para catálogo sistemático
1. Autismo em crianças — Mediação terapêutica

Publicado com a devida autorização e com todos os direitos reservados por

ALLER EDITORA
Rua Havaí, 499
CEP 01259-000 • São Paulo — SP
Tel: (11) 93015-0106
contato@allereditora.com.br

 Aller Editora • 📷 allereditora

Sumário

Espera!: Stan e o dinossaurinho 5
Uma introdução à clínica psicanalítica do autismo

1. Elevar a bizarrice à dignidade de estilo 13
2. O ambiente potencial: um sítio de experimentações 49
3. Riscado, Arranhão, Assinatura 87
4. A assinatura: uma solução *sinthomática* no autista 119

Ter traquejo com sua/a diferença 149
Conclusão

Espera!: Stan e o dinossaurinho

Uma introdução à clínica psicanalítica do autismo

Stan tem quatro anos e está isolado do mundo: ele desvia o olhar, se fecha em seus comportamentos estereotipados e possui apenas algumas palavras que só dirige aos pais. As propostas de interação feitas por seu ambiente (familiar, escolar ou terapêutico) não ecoam nele. Se o analista luta para achar um jeito de fazer sua presença aceita pela criança, ao cabo de alguns meses, é na condição de sonoplasta que ele encontra um lugar. Na sessão, Stan se interessa por animais que ele faz evoluir em uma casa. Nenhuma palavra aqui, só ruídos. Por exemplo, o ruído da água da ducha ou o da mastigação. Escolhemos não comentar essas ações, mas permanecer no registro "ruidista" em que Stan está inserido. A partir daí, reproduzimos os ruídos que ele emite, mas com um atraso temporal e os exagerando. Depois de algum tempo, Stan para de produzi-los e espera que nós os façamos. Se não os realizamos, ele detém seu movimento e nos lança um olhar de canto de olho, recordando-nos de nossa função: fazer a sonoplastia das ações que ele realiza. Devemos, portanto, fazer os ruídos de suas manipulações. Em seu jogo, Stan introduz um dinossauro que ele faz rugir e destruir tudo. Pego num movimento de jubilação, Stan termina colocando o animal em sua boca. Numa das sessões seguintes, ele nos entrega esse dinossauro. Nós o pegamos e o fazemos rugir. Stan fica impressionado e, depois de alguns segundos, ele pega um hambúrguer de plástico e o enfia na boca do T-rex. Na sequência dessas ações, uma palavra que permite manter o Outro à distância aparece em seu vocabulário. Quando intervimos em seu jogo, ele diz "Espera!". Dessa vez, Stan pode limitar o ruído devorando o Outro pela palavra.

Essa sequência clínica nos mostra de maneira esclarecedora que tão logo a bizarrice de um paciente — aqui, sua maneira de acompanhar essas cenas da vida cotidiana de ruídos, não palavras — deixa de ser percebida como uma forma deficitária de existência, passando a ser considerada como sintoma, ela se torna a expressão de uma subjetividade. Um trabalho psíquico pode então começar. Essa é a orientação ética da psicanálise. Ela implica que todo psicanalista que recebe um paciente possa sustentar, sessão a sessão, a hipótese de que há um sujeito, e isso mesmo, e sobretudo, nas situações em que tal dimensão parece a mais ausente de todas. Essa ética da suposição, pela qual o sujeito não pode não ser suposto, é consubstancial à questão da transferência no autismo. No trabalho proposto a Stan, se num primeiro tempo o analista reproduz os ruídos feitos pela criança, esta última deixará de produzi-los e esperará que o analista se encarregue deles. O analista se faz, então, um produtor de ruídos, desconectando assim o gesto feito por Stan da produção vocal, da qual o analista se torna responsável[1]. Como propõe Jean-Claude Maleval, o analista se encontra aqui, primeiro, na posição de duplo, e depois de auxiliar[2]. Levamos a hipótese ao ponto de considerar a posição do analista como um "personagem auxiliar". Devemos esse achado a Owen Suskind, jovem autista que se baseou nos *sidekicks*, os personagens auxiliares dos desenhos animados de Walt Disney, para se orientar em um mundo que tinha perdido sentido para ele[3]. Esse termo, "personagem auxiliar", nos permite destacar duas dimensões: a teatral, do personagem, e a de guia. A sequência com o dinossauro ilustra isso perfeitamente. O analista propõe uma pantomima sonora, o rugido do terrível T-rex, que realiza com um prazer genuíno e que impressiona Stan. O personagem auxiliar frequentemente conduz o herói a assumir sua posição a partir de intervenções que podem se revelar mais ou menos felizes. É o que acontece com Stan que, frente ao rugido, encontra a resposta para aquele momento de surpresa: ele pega o hambúrguer e o enfia na boca do dinossauro para anular o risco de devoração. Podemos então, *a posteriori*, identificar que nosso rugido se revela como o que propomos chamar de uma *interpretação*

---

[1] Encontramos aqui uma modalidade de deslocalização da voz da qual mostramos oportunamente o interesse terapêutico em nosso primeiro livro e que reencontraremos muitas vezes neste segundo. ORRADO, Isabelle; VIVES, Jean-Michel. *Autismo e mediação. Bricolar uma solução para cada um*. Trad. Paulo Sérgio de Souza Jr. São Paulo: Aller Editora, 2022.
[2] MALEVAL, Jean-Claude. *La différence autistique*. Paris: PUV, 2021, p. 346.
[3] SUSKIND, Ron. *Vida animada. Uma história sobre autismo, heróis e amizade*. Trad. Ana Ban. Rio de Janeiro: Objetiva, 2017.

em corpo. Esta só se revela como interpretação a partir dos efeitos que produz. Encontraremos diferentes formas dela ao longo do presente livro. Stan utiliza um objeto oral, o hambúrguer, para tampar o furo de onde o objeto sonoro emerge. Num segundo tempo, é com uma palavra, "espera!", que ele iniciará o que irá se tornar uma negociação com o Outro. A manobra atua como uma armadilha para a fome do Outro[4], mantendo à distância a demanda insuportável, porque devoradora, e que testemunha a forma como a linguagem impactou o corpo. A partir disso, nos distanciamos da simples dimensão simbólica das palavras para nos aproximar da maneira pela qual a linguagem, em sua materialidade (sua *motérialité*, dirá Lacan, unindo *mot*, a "palavra", e "materialidade"[5]), agita os corpos. A clínica do autismo é uma clínica do falasser que engaja o sujeito não sem seu corpo. Quando uma criança autista tapa os próprios ouvidos, ela não busca somente não escutar o que o outro quer lhe comunicar (o sentido), tampouco busca apenas se proteger do som; ela tenta se fechar ao *"ruído* fundamental da língua[6]*"*, para retomar a fórmula de Éric Laurent. Para a criança autista, os ruídos e vozes que *se endereçam* a ela constituem um sussurro perigoso. Muitos testemunhos de pessoas autistas relatam isso. Foi isso o que Stan pôs para trabalho. O perigo em jogo está situado na opacidade da

---

[4] LACAN, Jacques. (1960-1961) *O seminário, livro 8: A transferência*. Trad. Dulce Duque Estrada. Rio de Janeiro: Jorge Zahar Editora, 1992, p. 215.
[5] LACAN, Jacques. (1975) "Conférence à Genève sur le symptôme" In: *La cause du désir*, n. 95, 2017, p. 7-24.
[6] LAURENT, Éric. *A batalha do autismo. Da clínica à política*. Trad. Vera Ribeiro. Rio de Janeiro: Zahar, p. 107.

linguagem, opacidade do Outro. Em nosso primeiro livro, situamos essa opacidade no nível da potência enunciativa do interlocutor, no *peso real do sujeito*[7] naquilo que ele diz, ressoando para a criança autista como um abismo aspirador, do qual a boca do T-rex pode ser uma figura.

Frente a esses perigos, a criança autista busca tornar seu mundo seguro tornando-o imutável (estereotipias, rituais...), é uma forma de assenhorar-se dele. Além disso, os analistas são muito sensíveis à maneira como podem acolher essas crianças e ao acompanhamento que vão oferecer a elas. Este irá se constituir a partir das coordenadas transferenciais identificadas (ausência de intenção e suposição de um sujeito), oferecendo à criança autista um sítio[8] onde suas bizarrices possam ser experimentadas, como no caso de Stan. A apropriação, por parte do analista, da sonorização dos esquetes encenados pela criança permite passar do ruído [*bruit*] (pertencente à dimensão do real) à sonoplastia [*bruitage*] (dimensão imaginaro-simbólica). O ruído que podia separar Stan do Outro, ao se fazer sonoplastia, se inscreve no domínio do Outro e, concomitantemente, permite em parte sua emergência. Esse sítio de experimentações em que o analista se ajusta à bizarrice da criança, nós propomos qualificá-lo

---

[7] "Comumente, o sujeito produz a voz. Digo mais, a função da voz sempre faz intervir no discurso o peso do sujeito, seu peso real". LACAN, Jacques. *O seminário, livro 6: O desejo e sua interpretação*. Trad. Claudia Berliner. Rio de Janeiro: Zahar, 2016, p. 415.
[8] Nota do tradutor: os autores utilizam o termo *site*, que poderia ser traduzido como "local". Contudo, mais adiante, eles exploram as ressonâncias desse termo com o *situs* latino, o que nos leva a preservar sua etimologia. Portanto, ao se deparar com a palavra "sítio" nas próximas páginas, o leitor poderá pensar, por exemplo, em um "sítio arqueológico", capturando assim o sentido específico que desejamos manter.

ambiente potencial, que diferenciamos do "espaço potencial" de Winnicott. Dessa forma, o dispositivo analítico orientado pela proposição de um ambiente potencial pode conduzir o sujeito autista, a partir de seus comportamentos e bizarrices, a inscrever sua presença no mundo, desenvolvendo um estilo que pode se condensar em uma assinatura.

A insistência do real — identificável por exemplo no mecanismo de iteração das estereotipias — está em primeiro plano na sintomatologia autista. Isso implica que a clínica do autismo está menos ligada ao significante e mais à letra. Esta deve ser considerada como um litoral que torna possível uma demarcação, desafio essencial para o autista. O "espera!" de Stan é um exemplo disso. Aqui, "espera!" não é um significante, no sentido de que ele representaria Stan para um outro significante, mas uma jaculação que visa estabelecer um limite entre ele e o Outro. Trata-se, aqui, de um dos usos que o autista pode fazer da letra. Não é o único, porém. Um outro modo foi aquele que já pudemos abordar ao final de nosso primeiro volume: a assinatura. É ao testemunho de Antoine Ouellette, compositor canadense diagnosticado como autista, que devemos esse *insight*. Ficamos surpresos ao encontrar essa assinatura não apenas nos acompanhamentos clínicos que realizamos, mas também nos relatos de autistas ou de pais de crianças autistas. No entanto, essa dimensão nunca foi explorada no plano teórico. Por isso, nos dedicamos a dar-lhe as bases teórico-clínicas, isolando três modos de relação com a letra: o riscado [*rayure*] (termo já utilizado por Éric Laurent), o arranhão [*griffure*] e a assinatura.

O riscado é tudo aquilo que no comportamento da criança visa colocar à distância (evitamento ou agressão) a invasão do Outro. É o modo mais recorrente encontrado na clínica do autismo e o que mais pode dificultar a aproximação. Stan por muito tempo evitou reconhecer a presença de um outro. Recusa que ele impõe para preservar a imutabilidade de seu mundo. O arranhão é de outra ordem, é um ato que criará uma descontinuidade no mundo do autista. É importante esclarecer que o arranhão de que falamos não aquele que o autista inflige a si ou ao outro quando quer se defender. Nesse caso, ainda estamos no âmbito do que chamamos de riscado. O arranhão é a marca que o autista imprime intencionalmente no real para constituí-lo. Quando Stan pega o hamburguer para colocá-lo na boca do dinossauro, ele opera um arranhão no real de sua devoração. Se, como afirma Lacan, "um ato está ligado à determinação do começo, e especialmente ali onde existe a necessidade de realizá-lo pois precisamente não há nenhum[9]", o arranhão vem estabelecê-la. O arranhão se inscreve então em um circuito, podendo ser transformado em assinatura. Para Stan, esse começo indica a possibilidade de abrir um espaço de negociação com o Outro, que se exprime na aparição da palavra "espera"; é uma maneira de Stan assinar sua presença com um estilo "diferido". Se entre riscado e arranhão não existe continuidade, já podemos indicar no arranhão aquilo que poderá se fazer assinatura. Ela capitona a posição do autista, permitindo-lhe apresentar-se ao mundo do Outro.

Esse percurso onde a criança abandona o riscado que a isola para arriscar abrir um começo, impondo um arranhão

---

[9] LACAN, Jacques. (1967-1968) *Le Séminaire, livre 15: L'acte psychanalytique*. Paris: Seuil, 2024, p. 90. Tradução livre.

ao real — arranhão que poderá, num segundo tempo, se transformar em assinatura —, nos levou a sustentar a hipótese de que o *fazer-se um nome*, identificado por Lacan na psicose[10], corresponderia, no autismo, à necessidade de *bricolar uma assinatura*. Assim, a assinatura é recorrentemente aquilo pelo que o autista traça seu laço com o Outro, uma solução *sinthoma*.

---

[10] LACAN, Jacques. (1975-1976) *O Seminário, livro 23: O sinthoma*. Trad. Sérgio Laia. Rio de Janeiro: Zahar, 2007.

CAPÍTULO 1

Elevar a bizarrice à dignidade de estilo

Sam aproxima seu olho da roda de um carrinho de brinquedo que fazer girar, Antoine escuta incessantemente a mesma música enquanto balança o corpo, Pierre bate as mãos diante dos olhos, Sophie faz girar sobre si mesmos todos os objetos que encontra. Todos estão cativos dos movimentos que produzem. Esses comportamentos são frequentemente qualificados de "bizarrice". Fazemos questão de manter esse termo, regularmente utilizado na linguagem comum, para não explicarmos rápido demais o que se impõe na clínica do autismo.

O que é uma bizarrice no campo do autismo?

Comecemos então, num primeiro momento, definindo o que entendemos por "bizarrice". Se, para Freud, o delírio é uma tentativa de cura na psicose e o sintoma uma formação de compromisso na neurose, defendemos que a bizarrice seria, no caso do autismo, uma reposta que visa se proteger do outro e manter a imutabilidade do ambiente. A bizarrice que nos interessa aqui deve ser associada a uma forma de gozo não temperado, que se expressa frequentemente, mas não exclusivamente, nas estereotipias que tentam, com mais ou menos sucesso, aprisionar o gozo. Se num primeiro tempo escolhemos a estereotipia para ilustrar o que é uma bizarrice, é porque ela é uma de suas manifestações mais recorrentes. Contudo, ainda que tome com muita frequência essa forma, a bizarrice não pode ser reduzida à estereotipia. Assim, quando Baptiste, cujo caso apresentaremos na sequência, tira o sapato na sala de aula para lamber, muito lentamente, a sola, isso é categorizado pela instituição escolar na categoria dos comportamentos bizarros dessa criança.

Mas voltemos à estereotipia que, pela clareza de seu funcionamento, nos permite isolar o que caracteriza a bizarrice: o duplo isolamento da criança. Por um lado, a estereotipia permite à criança se isolar de um mundo ao qual é estranha, mas, por outro, a estranheza de seus comportamentos mantém à distância os outros, que ficam sem saber o que fazer com tais bizarrices. Para o dicionário *Littré*, a estereotipia é uma repetição frequente, incontrolada e parasitária de atitudes, gestos e palavras. Etimologicamente, o termo vem do grego *stereos*, que significa "firme", "duro" ou, ainda, "sólido" e *typos*, que significa "impressão", "marca". A estereotipia pode, portanto, ser definida como uma marca firmemente repetida. Na estereotipia, vemos muito claramente que o movimento não é espontaneamente evolutivo, como pode ser na repetição, mas tende a se fechar sobre si mesmo. Trata-se menos de uma repetição com abertura à transformação do que uma iteração a ser entendida como retorno do mesmo. Foi isso o que nos levou a falar, quando do primeiro volume, de uma *coerção de iteração*[1] no autismo. Assim, a marca aplicada ao mundo é uma espécie de riscado. As estereotipias permitem à pessoa autista se tornar impermeável ao Outro. Sua função nos leva diretamente ao que Lacan chamou de "gozo", que pode ser definido como o que ultrapassa o princípio de prazer e confronta a criança com um *excesso* de excitação. Partindo daí, as estereotipias se inscrevem numa lógica de gestão dessa invasão. Elas constituem uma tentativa de limitação do gozo para evitar que ele se torne insuportável. Esses comportamentos sintomáticos, *testemunho da posição do sujeito*, se situam no limite entre o mundo interior da pessoa autista e seu *ambiente*. Eles se tornam um lugar de invenção inédito. Defendemos que essa invenção, por problemática que seja, pode ser o ponto de partida para construir um estilo que permita à criança autista entrar em contato com o mundo. A tarefa não é, de forma alguma, a de normalizar a bizarrice, mas de elevá-la à dignidade de estilo, ou seja, reconhecer nela a marca de um sujeito em sua relação com o gozo, que então poderá se tornar um vetor de ligação com o Outro.

A partir daí, o que entendemos pela fórmula "elevar a bizarrice à dignidade de estilo"? O leitor terá reconhecido

---

[1] ORRADO, Isabelle; VIVES, Jean-Michel. *Autismo e mediação. Bricolar uma solução para cada um*. Trad. Paulo Sérgio de Souza Jr. São Paulo: Aller Editora, 2022, p. 37.

nessa proposição um célebre aforismo de Lacan, a partir do qual ele propõe delimitar o processo de sublimação que "eleva um objeto [...] à dignidade da Coisa[2]". Com essa fórmula, Lacan nos faz perceber que, através do processo de sublimação, é possível efetuar uma aproximação do real: o que é visado através do objeto imaginaro-simbólico criado é um contato com o real, mas desprovido de sua dimensão traumatogênica. A sublimação não supõe um acesso ao gozo real — que só pode ser mortífero[3] —, mas um tratamento do gozo. Essa forma de satisfação implica uma transgressão onde o irrepresentável da Coisa vai se re-presentar sob a forma do vazio em torno do qual toda obra se estrutura.

A sublimação é uma maneira de contactar a Coisa sem afundar-se nela; ela permite dar uma forma à ausência radical do objeto de desejo: num mesmo movimento, ela a vela e desvela — ela revela.

Retomando a forma do aforismo lacaniano e substituindo o termo "objeto" por "bizarrice" e "Coisa" por "estilo", defendemos a seguinte tese: é possível identificar na bizarrice, de que o autista pode se ver sobrecarregado, o que poderia ser identificado como a matriz do estilo que, se sustentado, poderá permitir à criança encontrar uma maneira

---

[2] LACAN, Jacques. (1959-1960) *O Seminário, livro 7: A ética da psicanálise*. Trad. Antonio Quinet. Rio de Janeiro: Jorge Zahar Editor, 2008, p. 138.
[3] Como nos indica o destino de Galaad, que encontra o Graal, objeto da busca dos cavaleiros da Távola Redonda, e morre ao alcançá-lo. Wolfram von Eschenbach, continuador de Chrétien de Troyes, escreveu em 1197 e 1212 um ciclo dedicado à busca do Graal. Ele vai fazer do Graal uma "Coisa" cujos únicos atributos são abstratos: "O Graal é a coisa perfeita à qual nada faltava. Ele trouxe completude e felicidade à terra". Levando Wolfram von Eschenbach ao pé da letra, o Graal seria a Coisa, essa Coisa miticamente perdida, suporte de uma busca sem fim, pois a completude é inacessível.

de se apresentar ao mundo. Quando falamos aqui de estilo, não o confundimos com os interesses específicos da criança autista, que em alguns casos, na vida adulta, podem se transformar em atividades profissionais, como foi o caso de Temple Grandin, com o projeto da "máquina de compressão", ou de Antoine Ouellette, com a composição musical. O que tentamos capturar aqui é o processo que subentende a possibilidade de a criança autista inscrever uma marca outra em seu ambiente que não a real. Esse processo poderá, eventualmente, resultar em uma criação notável, mas nem sempre é o caso. A partir disso, convém não ser ofuscado por essas soluções autísticas notáveis, mas focar nas pequenas descobertas que, enraizadas na bizarrice, permitem abrir o mundo do autista ao Outro.

Para ilustrar isso, nos apoiaremos nas observações clínicas colhidas durante o acompanhamento de um jovem rapaz autista. Essa criança foi recebida num grupo terapêutico formado por entre 4 e 6 crianças. Com uma sessão por semana, o acompanhamento se deu ao longo de um ano e meio. Focaremos nossas observações na singularidade que a criança pôde manifestar no grupo.

Baptiste, o parcimonioso[4]

Baptiste, de oito anos, é uma criança muito inibida, que permanece retraída, tanto em casa quanto na escola. Desde

---

[4] Já expusemos o caso de Baptiste no primeiro volume. Nós o retomamos aqui pois nossas novas proposições teórico-clínicas nos permitem fazer dele uma leitura renovada, que prolonga a que propusemos anteriormente.

a educação infantil, os professores observam que ele "não embarca na aprendizagem". Suas dificuldades escolares, essencialmente centradas em sua lentidão na execução, o levaram a repetir o segundo ano do ensino fundamental. Na sala de aula, ele se destaca pelo que sua professora chama de "suas bizarrices": ele grita ou pega objetos dos estojos de seus colegas para jogá-los atrás de um armário no fundo da sala. Baptiste também tira o sapato e lambe a sola. Todos esses atos são realizados com grande lentidão, que os outros interpretam como indolência ou desleixo. Foi a pedido da escola que sua mãe agendou uma consulta com um psicólogo. Ambos foram recebidos para uma entrevista. A mãe evita nosso olhar e fala pouco. Ela não entende por que a escola pediu uma consulta para seu filho. Sobre o assunto, ela dirá apenas: "ele está sempre no seu próprio mundo. [...] Ele fica se contando histórias com lenços de papel". A nosso pedido, ela explica que ele pega lenços de papel, corta-os em tiras e os agita diante dos olhos enquanto inventa histórias. A mãe então faz um gesto que lembra uma estereotipia. Temos dificuldade de entender o valor dessas "histórias" e o que esses "pedaços de lenço de papel" que ele agita podem representar. Naquele momento, apenas anotamos essa informação. Baptiste permanece sentado em sua cadeira e não fala. Quando nos dirigimos a ele, ele baixa a cabeça e olha para seus pés. Se a mãe insiste para que ele responda ou olhe nos olhos, ele se força a fazê-lo, mas sua dificuldade em se confrontar com nosso olhar é palpável.

Após esse encontro, Baptiste foi integrado a um grupo terapêutico. Nos primeiros momentos, ele circula pela sala e orbita ao redor das outras crianças, que estão sentadas à mesa.

Ele não responde às nossas solicitações ou o faz com uma leve ecolalia, evitando sistematicamente o olhar. Nós o deixamos à vontade. Explorando a sala onde a sessão acontece, Baptiste toca os objetos presentes, os observa, gira-os na mão e os coloca de volta. Um objeto específico chama sua atenção: uma caixa contendo marionetes. Ele se interessa por elas e as tira uma por uma. Quando outra criança sugere fazer um álbum de fotos, decidimos incluir as marionetes. Essa escolha é esclarecida tanto pelo interesse que Baptiste demonstrou por esses objetos quanto pelo elemento trazido na primeira entrevista pela mãe. De fato, as marionetes nos lembram das "histórias" que esse menino se conta com "pedaços de lenços de papel". Então, propomos às crianças que construam um livro de fotos a partir de uma história encenada com as marionetes[5]. Nas sessões seguintes, as crianças criam o cenário adequado e posicionam os personagens. A única restrição é que elas mesmas não apareçam nas fotos.

Durante uma sessão, quando Baptiste deveria pegar um objeto colocado sobre a mesa ao redor da qual todos os participantes do grupo estavam sentados, ele fez um gesto "bizarro", como disseram as outras crianças: ele colocou a mão nas costas e, lentamente, fez um movimento circular longo e demorado com o braço estendido, até finalmente colocar a mão sobre o objeto desejado e pegá-lo. Ele então trouxe o objeto para si com a mesma lentidão. O grupo permanece estupefato assistindo. Baptiste é conhecido por seus

---

[5] Essa proposta de trabalho baseia-se no que foi observado em relação às diferentes problem áticas das crianças presentes no grupo e às suas diferentes fontes de interesse.

comportamentos bizarros na escola, que muitas vezes o excluem do restante do grupo. Esses elementos podem ser considerados estereotipias, mas o que deve ser destacado é sua singularidade: ele realiza seus gestos com grande lentidão. Esta é uma forma de expressão de sua bizarrice: Baptiste se inscreve no mundo *rallentando*[6]. O corpo está engajado ao mínimo nisso. Esse engajamento mínimo reflete a especificidade do tratamento dos objetos pulsionais pela criança autista. Jean-Claude Maleval indica em *La différence autistique* que "o autista é um sujeito retido: ele se esforça para engajar o mínimo possível os objetos da pulsão na troca, ele só arrisca sua voz na palavra parcimoniosamente[7]".

Para além de Baptiste, a parcimônia, que é a expressão da difícil cessão dos objetos, pode ser uma das formas do estilo autístico. Se, como afirma Lacan, "é o objeto que responde **à pergunta sobre o estilo**"[8], podemos entender que o estilo autista seja marcado pela problemática da cessão do objeto.

O gesto longo e lento não gerou nenhum comentário no grupo, mas, após uma de nossas intervenções, ele foi retomado e colocado em jogo, portanto em circulação, pelos membros do grupo. De fato, decidimos fazer o mesmo movimento bizarro para pegar um objeto colocado sobre a mesa em torno da qual estávamos sentados, mas escolhemos acrescentar a ele uma palavra, uma palavra tão longa e lenta quanto: "euuuuuu... peeeeegoo... aaaaaaa... cooooooooollaaaaaa...".
Um dos participantes então exclamou: "É que nem uma

---

[6] Em música, *rallentando* é a indicação que exige uma diminuição do tempo.
[7] MALEVAL, Jean-Claude. *La différence autistique*. Paris: PUV, 2021, p. 56.
[8] LACAN, Jacques. (1966) "Abertura desta coletânea". In: *Escritos*. Trad. Vera Ribeiro. Rio de Janeiro: Jorge Zahar Editor, 1998, p. 11.

ELEVAR A BIZARRICE À DIGNIDADE DE ESTILO ▪ 21

câmera lenta!" O grupo, por um tempo, começou a "fazer câmera lenta", como Baptiste, e depois cada um retomou seu ritmo particular. Baptiste, por sua vez, persistiu com os movimentos que o singularizam. Pontuada, reduplicada e escandida pelo analista, a bizarrice foi identificada e reconhecida pelos membros do grupo: um estilo começou a se delinear.

Em outra sessão, as marionetes foram colocadas sobre a mesa. Baptiste, que até então parecia isolado do grupo, se sentou com as outras crianças. Ele pegou as várias marionetes e as manipulou, enquanto outra criança começou a construir um cenário em torno de uma história de polícia e ladrão. Enquanto animava as marionetes, Baptiste intervinha ocasionalmente para corrigir, sempre de maneira muito pertinente, alguns termos usados pelas outras crianças. Por exemplo: quando um participante do grupo pegou um personagem que usava boné e disse: "É um homem", Baptiste corrigiu dizendo: "Um investigador". É importante notar que Baptiste não participava da baderna que dominava a sessão. Um pouco à parte, ele estava atento ao que acontecia, mas só intervinha pontualmente. Suas intervenções não consistiam em frases, mas em palavras criteriosamente escolhidas, que escandiam calmamente, e com um certo distanciamento, as trocas animadas dos outros membros do grupo. Gradualmente, graças às intervenções de cada um, um cenário foi se delineando.

Baptiste, que mantém constantemente as marionetes em suas mãos, as posiciona no cenário que foi construído para receber a representação do enredo. Uma dificuldade maior se revela nesse momento: ele não consegue manter sua mão afastada do torso. No entanto, no trabalho proposto, as marionetes deviam ser colocadas na cena sem que se percebesse a pessoa que as manipulava: a marionete devia aparecer na janela desenhada pelo teatrinho, mas Baptiste não. Estender o braço parece impossível para ele. Baptiste se confronta com sua dificuldade de afastar as marionetes de si. Ele então experimenta diferentes posições, explorando os limites de seu corpo, até encontrar uma solução: colar seu torso contra o encosto de uma cadeira. Essa descoberta permite que seu corpo encontre consistência e, portanto, libere seus movimentos de braço. A marionete pode, então, surgir como um duplo de Baptiste. Ao manipulá-la dessa forma, Baptiste consegue improvisar uma posição de enunciação. Trata-se aqui de deslocalizar a voz[9] de seu lugar habitual de enunciação, tornando-a suportável, pois desconectada do sujeito que a produz.

O álbum de fotos vai sendo produzido. Baptiste se destaca por sua capacidade de organizar as fotos que foram impressas. É também ele quem encontra o título para o livro. Enquanto a baderna ia crescendo, cada criança querendo dar sua opinião e impor sua solução, ouvimos, de uma posição um pouco mais afastada, a voz de Baptiste dizer "O arrombamento". Todos param de falar e concordam — será este o título.

---

[9] Essa questão da deslocalização da voz é um elemento importante na clínica do autismo. Assim, o jovem Briac pedia a seus pais que fizessem os postes de eletricidade "falarem" durante seus passeios e só aceitava abrir a boca no dentista quando os médicos que cuidavam dele faziam "falar" os instrumentos necessários à intervenção. ALLIO, Deborah. *Attention, a peur! Conversations avec la famille d'um jeune autiste.* Paris: Imago, 2023. De nossa parte, constatamos como um jovem autista aceitava dialogar com um psicólogo quando ela se dirigia a ele através de um robozinho. ORRADO, Isabelle; VIVES, Jean-Michel. Autismo e mediação. Bricolar uma solução para cada um. Trad. Paulo Sérgio de Souza Jr. São Paulo: Aller Editora, 2022, p. 110.

Aos poucos, após vários meses de atendimento, as bizarrices que Baptiste manifestava começam a se dissipar e passam ao segundo plano. Os mesmos efeitos são observados na escola. O que persiste é essa lentidão de execução, acompanhada de uma precisão notável e de uma separação parcimoniosa em relação ao objeto.

Essa situação clínica nos ensina vários elementos sobre o autismo. Alguns aspectos já são bem conhecidos e documentados (o uso do objeto autístico como proteção ou então a deslocalização do lugar de enunciação como meio possível de expressão), enquanto outros são mais inéditos. São eles que gostaríamos de desenvolver agora a partir de duas abordagens:

- As sessões se constituem como lugares de experimentação para Baptiste, o que propomos chamar de um *ambiente potencial*. Exploraremos essa dimensão no segundo capítulo.

- A consideração e a colocação em jogo da bizarrice comportamental pode ser a base para a construção de um estilo, o que vamos desenvolver agora.

Do signo autístico...

O caso de Baptiste vem nos demonstrar que o encontro com as crianças autistas muito frequentemente nos confronta com comportamentos interpretados pelo entorno como estranhos, bizarros. Em seu sentido mais convencional, "comportamento" designa o conjunto das reações observáveis em um indivíduo colocado no meio onde vive, ou seja, em um ambiente dado. Por extensão, e está aí o que nos interessa, o comportamento é uma maneira de ser. Dessa forma, postulamos que, percebido a partir de uma referência psicanalítica, o comportamento — e, especialmente, quando adota uma forma bizarra — é uma manifestação subjetiva, primeiro *testemunho da posição do sujeito*. É então necessário e pertinente levar em conta essa bizarrice para colocá-la em jogo no seio de uma relação transferencial e torná-la um sintoma no sentido analítico.

Essa orientação de trabalho já foi destacada no que diz respeito ao objeto autístico, cuja escolha seria apreendida como uma manifestação do sujeito. É nessa lógica que desejamos inserir as bizarrices da criança autista. Como vimos, estas frequentemente se inscrevem no campo das estereotipias, que são gestos iterativos que a criança autista realiza quando seu ambiente se torna insegura e invasivo. Como o objeto autístico visa bloquear o mundo quando este se torna ilegível, a estereotipia busca restituir ao mundo sua estabilidade, sua dimensão necessária de imutabilidade, segundo as modalidades escolhidas pela criança autista. O ambiente proposto pelo psicanalista ao assumir o tratamento, portanto, é essencial: ele deve ser capaz de acolher essa bizarrice e colocá-la em movimento.

A bizarrice de Baptiste, qualificada pela instituição escolar de "lentidão" e de "câmera lenta" pelas outras crianças, foi reconhecida, permitindo que se tornasse, assim, o signo de Baptiste. O signo é o que representa algo para alguém[10] e se diferencia da marca no fato de esta não está inscrita na

---

[10] PEIRCE, Charles. *Semiótica*. Trad. José Teixeira Coelho Neto. São Paulo: Perspectiva, 2005, p. 46.

relação com o outro[11], mas diz respeito à relação da criança autista com seu próprio gozo. Além disso, o signo se distingue do significante que representa, de sua parte, o sujeito para um outro significante. Retomamos aqui a tese de Jean-Claude Maleval quando afirma que o

> Outro do autista não é composto de significantes, não há par S_1-S_2 sob o qual o sujeito estaria em *fading*; o sujeito autista pensa essencialmente com signos [...]. Em contrapartida, o significante apaga a coisa designada; seu sentido só se fixa na relação com um outro significante: ele é independente da representação, mas conectado ao gozo do sujeito. A grande diferença entre o signo e o significante reside na aptidão deste último de cifrar o gozo. O signo não possui essa capacidade; ele não se inscreve no corpo; além disso, não é equívoco; ele se revela, pelo contrário, em relação estreita com a coisa que designa.[12]

Essa diferença entre signo[13] e significante é importante e orienta nossa análise. Como Peirce nos permite observar, o

---

[11] Com o caso de Tino (capítulo 2), veremos como a *marca* que ele inflige ao próprio corpo vai se transformar, graças à intervenção do analista, em *signo* quando o ato de se coçar passar a ser feito em uma folha de papel, deixando aparecer um furo.
[12] MALEVAL, Jean-Claude. "La rétention des objets pulsionnels au principe de l'autisme". In: CAUSSE, J-D; REY-FLAUD, H. (orgs.) *Paradoxes de l'autisme*. Toulouse: Eres, 2011, p. 30. Tradução livre.
[13] O leitor deve ter notado aqui que não se trata do signo natural de que fala Lacan na ocasião de seu seminário sobre as psicoses, onde introduz o signo biológico a partir dos comportamentos instintivos provocados nos animais. "Partamos do [signo] biológico. Há na própria estrutura, na morfologia dos

signo se articula àquilo que ele designa em um movimento de vaivém entre dois termos, o que não se inscreve espontaneamente em uma cadeia. O autista se inscreve nessa lógica do signo. Assim, Maleval propõe que "na clínica do autismo, esta última (a representação) parece se encarnar na imagem do referente[14]".

Isso permite compreender a sensibilidade dos autistas às metodologias que se baseiam em pictogramas, seu interesse por códigos e, no caso de Baptiste, sua propensão a usar a palavra exata. Para ele, a palavra é menos a morte da Coisa do que a apresentação de uma coisa. Henry Rey-Flaud defende que no autismo as palavras estão "presas às coisas" e têm "uma, e apenas uma, significação[15]", chegando até a falar em "primado da palavra-signo[16]". Como veremos adiante, a organização do pensamento a partir do signo entrava a possibilidade de fazer semblante[17]. A capacidade de ficcionar parece, então, ausente. Peter Vermeulen relata uma situação

---

animais, alguma coisa que tem esse valor captante, graças ao qual aquele que é o seu receptor, aquele que vê o vermelho do pintarroxo, por exemplo, e aquele que é feito para recebê-lo, entram numa série de comportamentos, num comportamento doravante unitário que liga o portador desse [signo] àquele que o percebe". LACAN, Jacques. *O Seminário, livro 3: As psicoses*. Trad. Aluisio Meneses. Rio de Janeiro: Jorge Zahar Editor, 1985, p. 192. Tradução modificada. Nada disso comparece na situação de Baptiste. O signo aqui destacado se inscreve claramente numa relação com a língua e seus efeitos.
[14] MALEVAL, Jean-Claude. *La différence autistique*. Paris: PUV, 2021, p. 149. Tradução livre.
[15] REY-FLAUD, Henri. *Les enfants de l'indicible peur. Nouveau regard sur l'autisme*. Paris: Aubier, 2010, p. 24. Tradução livre.
[16] *Idem*, p. 152.
[17] Nota do tradutor: ainda que o uso da palavra "semblante" seja corriqueiro no meio lacaniano, vale lembrar ao leitor que *"faire semblant"*, em francês, tem o sentido de "fingir", "fazer de conta".

muito esclarecedora disso, onde um jovem autista, na ocasião de um colóquio, é levado a falar sobre seu passado.

O que Martin contou não era uma história, mas sim uma articulação de fatos, eventos, nomes e datas. Para provar isso, segue o seguinte trecho:
Eu estudei na escola de Marienhove por cinco anos, de 1972 a 1975. Havia cinco pavilhões e uma capela da igreja católica em Marienhove. No começo, eu estava no pavilhão 3 onde o pastor De Bie tinha seu escritório. Ele dava sermões na igreja católica. Eu fiquei apenas +/- um ano no pavilhão 3, antes de ir para a primeira série (1972). Teve uma festa no pavilhão 3 no dia 19 de março de 1972 (dia de seu aniversário), com sete velas no bolo. Naquele ano, pude voltar para casa todos os fins de semana em vez de uma vez a cada três semanas.[18]

Comentando esse trecho, Maleval avança: "Isso não é um romance, é um diário de bordo. Os fatos predominam sobre as experiências"[19]. Esta observação perfeitamente correta apresenta um outro aspecto do estilo autístico: se o autista é parcimonioso, o relato autístico é, na maior parte do tempo, marcado pelo testemunho. Voltaremos a esse ponto mais adiante, mas, desde já, nos parece importante sublinhar que o relato autístico não é caracterizado pela ficção, mas pelo testemunho, ou seja, a descrição de uma situação que o autista

---

[18] VERMEULEN, Peter. *"Comment pense une personne autiste?"* apud MALEVAL, Jean-Claude. *La différence autistique.* Paris: PUV, 2021, p. 130. Tradução livre.
[19] Idem, ibidem.

parece viver ou ter vivido de maneira exterior. O autista descreve, mas não narra. No autista, o apagamento da marca própria ao trabalho do significante não opera ou opera de forma limitada, deixando se desdobrar uma sucessão de signos — até constituir uma biblioteca de imagens, no caso de Temple Grandin[20] — que tentam se assenhorar do gozo que se desdobra no corpo.

O trabalho realizado com Baptiste, descrito acima, mostra como o signo, tal como concebido na abordagem que promovemos, implica um Outro interpretante. O signo torna-se, então, aquilo que assinala, que "faz signo[21]" da singularidade da criança autista. A retomada do gesto lendo de Baptiste que o analista acompanha de um lento "euuuu... peeeeegooo... aaaaaaa.... coooollaaaaaa... extrai de suas bizarrices um elemento que se faz signo. A lentidão, transformada em câmera lenta pela intervenção do analista, torna-se o que faz signo da presença de Baptiste. Não mais apenas o déficit indicado pela escola, mas uma maneira singular de ser, na qual é possível reconhecer Baptiste.

... ao esboço de um endereçamento.

Fazer de uma bizarrice aquilo que faz signo é, portanto, essencial, pois essa operação permite inscrever o movimento de Baptiste num laço com o Outro, mesmo que ele não se

---

[20] GRANDIN, Temple. *Mistérios de uma mente autista*. Trad. Pollyanna Mattos. Belo Horizonte: Ed. do Autor, 2011.
[21] Nota do tradutor: a expressão francesa *"fait signe"*, traduzida literalmente por "faz signo", também comporta o sentido de "assinalar", "indicar", como os autores explicitarão mais adiante.

inscreva numa cadeia significante. Aqui, trata-se de estar atento ao que faz signo. Vamos esclarecer isso. "O que faz signo" deve ser entendido aqui em seu duplo sentido: aquilo que da marca iterativa do gozo pode "se tornar signo", e portanto integrar a existência de um Outro, mas também o "assinalar", no sentido de "indicar" algo. Esse segundo sentido é o que concerne mais à posição do analista no encontro com a criança autista. O que chamaremos mais adiante de "interpretação em corpo" é precisamente esse fazer signo. Encontramos aqui uma proposição de Heráclito exposta no fragmento 93: "O Senhor a quem pertence o oráculo, aquele de Delfos, não fala nem oculta, mas faz signo[22]". Nossa ideia não é a de colocar o analista em posição de oráculo, mas sim extraí-lo, pela interpretação em corpo, de uma dinâmica de atribuição de sentido para focar-se no que pode fazer signo para a criança e, a partir daí, abrir um caminho para o Outro.

Observemos de saída que Baptiste não se apropria das nomeações propostas; ele não consegue captar a dimensão simbólica oferecida por essa nomeação: câmera lenta. Seu movimento pertence à dimensão pulsional, aquela definida no último ensino de Lacan como "eco no corpo do fato de que há um dizer[23]". Será necessário o ato do clínico interpretante para inscrevê-lo em um laço entre corpo e palavra, ali onde um estilo pode ser vislumbrado como endereçamento potencial. De fato, o estilo implica a questão do endereçamento, como lembra Lacan na "Abertura" aos *Escritos*: "O estilo é o

---

[22] HERACLITE. *Les fragments d'Héraclite*. Trad. Roger Munier. Montpellier: Fata Morgana, 1991, p. 59. Tradução livre.
[23] LACAN, Jacques. *O Seminário, livro 23: O sinthoma*. Trad. Sérgio Laia. Rio de Janeiro: Zahar, 2007, p. 18.

homem; vamos aderir a essa fórmula, somente ao estendê-la: o homem a quem nos endereçamos?[24]" Lacan prolonga, com uma torção, a proposição de Buffon que afirma que "O estilo é o homem". Ao acrescentar "o homem a quem nos endereçamos", Lacan sublinha a dimensão essencial de levar em consideração o Outro, de onde o discurso nos retorna. Se retomarmos a fórmula proposta no início deste capítulo, "elevar a bizarrice à dignidade de estilo" implica que a marca extraída do seio da bizarrice — a lentidão, no caso de Baptiste — não é mais o enigma opaco e indecifrável, mas pode se fazer signo, constituindo-se num vetor de laço com o Outro. Se Baptiste é lento, essa lentidão não é percebida apenas em seu aspecto deficitário, mas também pode ser oferecida como ponto de contato entre o sujeito e o Outro.

É nesse ponto específico que se desenvolve o trabalho com a criança autista: como permitir que ela suporte esse Outro, quando ela não cessa de opor-lhe uma "rejeição liminar" para dele se proteger[25]? A resposta está em jogar com a modalidade relacional: trata-se de fazer existir um Outro bem-temperado, capaz de isolar, no seio de uma bizarrice comportamental, um elemento singular e colocá-lo em circulação para fazê-lo advir como signo singularizante ao campo do Outro[26]. Esse signo

---

[24] LACAN, Jacques. "Abertura desta coletânea". In: *Escritos*. Trad. Vera Ribeiro. Rio de Janeiro: Jorge Zahar Editor, 1998, p. 9.
[25] Nota do tradutor: os autores utilizam a expressão "*fin de non-recevoir*", termo jurídico que designa a rejeição de uma petição ou recurso sem que seu mérito sequer tivesse sido examinado. Equivale em português à "improcedência liminar" ou à "rejeição liminar", pela qual optamos.
[26] Teremos que precisar, mais adiante, essa noção de "campo do Outro" no autismo. Uma vez que ela não se aplica ao autismo, pois envolve a dimensão do simbólico, seremos levados a substitui-la por "domínio do Outro",

que, num primeiro tempo, pode tê-lo mantido à parte dos outros, permitirá, por meio do trabalho proposto, que o estilo de Baptiste possa ser reconhecido como tal. Elevar a bizarrice à dignidade de estilo é considerar o comportamento como conexo ao real do gozo, mas também fazer a aposta de sua possível indexação ao Outro, implicando a dimensão do endereçamento. A identificação de um estilo, onde antes só havia uma bizarrice incompreensível permitiria que uma modalidade singular de presença pudesse advir.

Emergência de uma enunciação singular

No que diz respeito a Baptiste, foi durante uma troca com sua professora que descobrimos que o que se construiu dentro do grupo, como posição enunciativa, pôde ser transferido para o campo escolar. Já observamos que, de forma geral, houve uma diminuição das bizarrices e um apaziguamento de Baptiste dentro da sala. Mas os efeitos vão além.

Durante a preparação do espetáculo de fim de ano, a professora logo se deparou com a dificuldade de Baptiste de se inserir na *mimese* própria de uma atividade teatral: a questão de interpretar um outro lhe parecia estranha, e ele permanecia estático e mudo. Já abordamos acima essa questão: o regime do signo, preponderante no autismo, dificilmente lhe permite acessar essa dimensão do semblante e da ficção. Não podendo integrar Baptiste no espetáculo de fim de ano, ela aceitou que ele ficasse de fora. Mas qual não foi sua surpresa

expressão introduzida por Lacan no *Seminário 23*. Por ora, continuaremos a utilizar "campo do Outro".

quando ele interveio, desde o limite das coxias, com a precisão e a pertinência que já havíamos destacado na ocasião das sessões. Isso deu à professora a ideia de atribuir a ele a função de narrador, posição que Baptiste conseguiu ocupar. Se no início Baptiste tinha dificuldade em encontrar um lugar, ele pôde adquirir um ao se instalar à beira das coxias, assim como se posicionava à margem do grupo para fazer suas intervenções, precisando os termos utilizados, não totalmente em cena, mas também não fora dela. Na posição de narrador, ele pode apoiar-se na invenção que lhe é própria: à margem, mas não fora do palco[27]!

Aqui reencontramos seu estilo de intervenção: ele está sempre preocupado em encontrar a palavra justa para precisar o que é dito, aplicando à linguagem um caráter coisificado, como desenvolvido por Henri Rey-Flaud[28]. É justamente o que encontramos em Baptiste com a precisão do termo utilizado para qualificar o fantoche que usava um boné, "um investigador", ou ainda com o título dado à história, "O arrombamento". Essas duas falas são paradigmáticas de sua maneira de intervir. Esses enunciados sempre emergem de um lugar outro: exterior ao que está acontecendo dentro do grupo e pontuando com a palavra certa aquilo que tentava ser dito, sempre com uma extrema economia de meios. Baptiste não grita para se fazer ouvir, como fazem as outras crianças, e não explica o sentido de sua intervenção: ele solta

---

[27] Nota do tradutor: os autores utilizam a expressão "*à côté de la plaque*", cujo sentido literal é "fora da placa", mas que tem o sentido figurado de "fora de contexto", "equivocado".
[28] REY-FLAUD, Henri. *L'enfant qui s'est arrêté au seuil du langage. Comprendre l'autisme.* Paris: Flammarion, 2008, p. 152.

uma palavra sem esperar uma resposta. Assim, diante do burburinho, Baptiste não precisa mais recorrer às suas estereotipias, mas pode fazer uso de uma palavra que assinala sua presença à distância. Além desse enunciado, essas duas características — enunciado vindo de um lugar outro e escolha da palavra justa — colocam Baptiste em posição de narrador testemunha.

Essa função do *narrador testemunha* existe no teatro, algo que a professora percebeu com talento, criando um espaço desde o qual Baptiste poderia se ajustar ao que se desenrolava no palco. O narrador no teatro é aquele que, embora não participe do desenvolvimento da trama, a comenta. O narrador testemunha é um personagem secundário[29] da história. Embora ele não esteja envolvido nos eventos, relata o que vê e ouve. Essa posição implica uma exterioridade ao que se passa em cena, sem estar fora dela. Ele não é um personagem da história, vê tudo de fora, como uma câmera de vigilância que só registra as ações[30]. Ele não conhece os pensamentos dos personagens e não dá sua opinião. Esta posição nos parece se alinhar àquela ocupada por Baptiste, à borda, entre o palco e as coxias. Ele não intervém na efervescência que anima o grupo, mas comparece para pontuar as trocas que observa. A palavra justa é sempre captada pelos membros do grupo (ou seja, ela não vai parar em "ouvidos moucos", o que valida a existência de um Outro interpretante), o

---

[29] Não intervindo diretamente na ação, ele não deve ser confundido com o "personagem auxiliar", que encontraremos mais adiante.
[30] O que não é tão diferente do pensamento em imagens descritos por Temple Grandin. GRANDIN, Temple. *Mistérios de uma mente autista*. Trad. Pollyanna Mattos. Belo Horizonte: Ed. do Autor, 2011.

que faz com que a fala de Baptiste tenha um destino e, portanto, se inscreva no laço social. A posição do narrador testemunha seria a mais adequada ao sujeito autista, pois ela leva em conta o estilo parcimonioso que a retenção do objeto — a voz, em particular — implica. Essa posição característica do estilo autístico se encontra igualmente na categoria literária na qual se expressam predominantemente os autistas que escrevem: o testemunho.

O testemunho: um manual para uso dos neurotípicos

Jean-Claude Maleval, em *La différence autistique*, interessou-se pela especificidade dos escritos dos autistas[31].

> Os escritos dos autistas possuem características em comum: todos esses sujeitos querem ser reconhecidos como seres inteligentes e demandam uma melhor consideração de sua diferença.[32]

Ele faz disso um ponto de distinção entre autista e psicótico.

> Os autistas que escrevem o fazem em nome dos autistas, reivindicando fortemente essa identidade, mesmo quando alcançaram uma inserção social satisfatória. Os psicóticos são bem diferentes. A maioria deles não se reivindica como

---

[31] Cf. MALEVAL, Jean-Claude. "Spécificité des écrits des autistes". In: *La différence autistique*. Paris: PUV, 2021, p. 40-44.
[32] *Idem*, p. 40.

psicóticos, mas nega veementemente que esse diagnóstico seja pertinente no que lhes diz respeito. Os psicóticos não escrevem em nome dos outros psicóticos. Muito são loucos literatos que se caracterizam pela vontade de anunciar uma boa nova e/ou pela demanda de que lhes seja feita justiça. [...] Nada comparável ocorre com os autistas, que se limitam a explicar e reivindicar a singularidade de seu funcionamento.[33]

O escrito autista seria, portanto, uma reivindicação da *diferença autística*. A observação feita por Maleval é clinicamente preciosa. Gostaríamos agora de chamar a atenção do leitor para outro aspecto da especificidade dos escritos de autistas: eles testemunham. Já havíamos notado esse aspecto anteriormente[34], a partir da situação relatada por Peter Vermeulen:

> Eu estudei na escola de Marienhove por cinco anos, de 1972 a 1975. Havia cinco pavilhões e uma capela da igreja católica em Marienhove. No começo, eu estava no pavilhão 3 onde o pastor De Bie tinha seu escritório. Ele dava sermões na igreja católica. Eu fiquei apenas +/- um ano no pavilhão 3, antes de ir para a primeira série (1972).[35]

Trata-se claramente de um testemunho. Há pouca ou nenhuma ficção nos inúmeros escritos de autistas aos quais temos acesso atualmente. Um dos poucos exemplos

---
[33] *Idem*, p. 41.
[34] Ver mais acima, p. 32.
[35] VERMEULEN, Peter. "*Comment pense une personne autiste?*" apud MALEVAL, Jean-Claude. *La différence autistique*. Paris: PUV, 2021, p. 130. Tradução livre.

encontrados, o conto escrito por Naoki Higashida[36], "Estou bem aqui", encontra-se em uma obra de testemunho com o título explícito *O que me faz pular?* e revela-se, sob uma forma ligeiramente disfarçada por uma tentativa de ficção, um testemunho sobre o isolamento implicado pela diferença autística. O prefácio desse conto é, a esse respeito, muito claro:

> Escrevi este conto na esperança de que vocês consigam entender como é doloroso quando não é possível se expressar para as pessoas amadas.[37]

Mais uma vez, trata-se de um desejo de explicar, transmitir e testemunhar uma realidade psíquica singular inscrita sob a alcunha de autismo. Encontraremos a mesma dinâmica no roteiro escrito por Owen para os estúdios Disney: "Escudeiros[38]". O leve véu da ficção mal esconde a descrição e o testemunho que o jovem autista dá de suas dificuldades (a perda abrupta de contato com sua família) e da maneira como ele tenta resolvê-las.

Assim, o início do roteiro é perfeitamente explícito:

> Existe um menino que é igual aos outros. Ele é feliz e brincalhão, tem mãe e pai, um irmão mais velho e amigos. Até uma

---

[36] HIGASHIDA, Naoki. "Estou bem aqui". In: *O que me faz pular.* Trad. Rogério Durst. Rio de Janeiro: Intrínseca, 2014.
[37] *Idem*, p. 98.
[38] "Escudeiros" (Uma história com muitos personagens e cenas que ficaram de fora, mas, por enquanto, é isso) por Owen Suskind, com desenhos meus também." In: SUSKIND, Ron. *Vida animada. Uma história sobre autismo, heróis e amizade.* Trad. Ana Ban. Rio de Janeiro: Objetiva, 2017, p. 338.

noite em que vê uma tempestade se aproxima no horizonte. Ele é pequeno, só tem três anos[39], e fica com medo. Chama os pais e não escuta nada. Acha que está sozinho e sai correndo no meio da noite para procurar por eles, então se perde no meio da chuva, do vento e dos relâmpagos terríveis. O menino atravessa uma ponte, que desaba atrás dele. Não tem como voltar para casa. Ele se vê em uma floresta escura. Vaga sem destino, sozinho.[40]

Seja em uma descrição factual ou em uma tentativa de ficção, os exemplos que acabamos de destacar refletem uma posição de narrador testemunha. A super-representação do gênero "testemunho" entre os escritos de autistas é uma manifestação disso: o testemunho se torna então um manual de como lidar com o autismo destinado aos neurotípicos.

Do estilo parcimonioso

A posição o narrador testemunha é particularmente importante, uma vez que sustenta o estilo parcimonioso de Baptiste, que a retenção do objeto pelo autista implica. Ao longo de nossas observações, pudemos destacar o trajeto que o levou a passar de um uso de suas estereotipias para se isolar do caos do mundo até uma posição de enunciador que marca a presença no campo do Outro. No entanto, se

---

[39] Será necessário precisar que essa é a idade em que Owen entrou naquilo que foi diagnosticado como autismo regressivo?
[40] SUSKIND, Ron. *Vida animada. Uma história sobre autismo, heróis e amizade.* Trad. Ana Ban. Rio de Janeiro: Objetiva, 2017, p. 338.

reduzíssemos a posição de Baptiste a essa relação com a linguagem e ao lugar de onde ele fala, perderíamos o que constitui sua singularidade enunciativa. Portanto, agora destacamos, nesse trajeto, o que persiste de uma sequência à outra. As bizarrices de Baptiste são caracterizadas pela lentidão. O que dá a seus movimentos uma precisão de execução que lhe são próprias. Sua maneira de falar também é marcada por essa precisão associada à lentidão. Para vetorizar o conjunto de suas manifestações, escolhemos falar de "parcimônia". Essa nomeação nos permite captar o estilo de Baptiste e, assim, vetorizar o conjunto dos comportamentos qualificados de bizarros por seu entorno. Baptiste, por sua vez, desenvolve seu estilo sem a necessidade de nomeá-lo.

A parcimônia — estilo lentificado em Baptiste, ou estilo diferido que destacamos no caso de Stan em nossa introdução — pode ser entendida a partir da questão da retenção do objeto pulsional pelo autista. Essa retenção irá se exprimir em sua faceta sintomática no campo específico de cada um dos quatro objetos: oral, anal, escópico e invocante. Na esfera oral, essa retenção irá se exprimir preferencialmente por dificuldades ligadas à alimentação, tais como a recusa de ingerir alimentos sólidos ou comê-los engolindo direto, sem mastigar. Ou ainda pela escolha de não comer certas partes do prato, como descreve de forma bem-humorada Josef Schovanec. Para comer presunto, ele realiza uma espécie de microcirurgia para manter apenas a parte rosa, associando o presunto a essa cor. Assim, ele remove todos os filamentos brancos.

A dificuldade era que, como eu naturalmente não era muito habilidoso, o processo podia durar horas e, ao final, não havia mais presunto e eu ainda não tinha comido.[41]

Na esfera anal, um sintoma regularmente encontrado é a recusa de ir ao banheiro ou a impossibilidade identificar o momento adequado para fazê-lo. Na esfera escópica, é a impossibilidade de sustentar o olhar — sinônimo de perdê-lo — que estará no primeiro plano. Por fim, na esfera invocante, pode-se observar a impossibilidade de dar a voz. Isso pode ir do mutismo até a utilização de uma voz estranha[42]. Essa produção singular seria devido à impossibilidade de ceder a voz, o que levaria o autista a sonorizar seus enunciados para evitar se engajar neles, dando às suas produções um aspecto robotizado em que a dimensão prosódica está quase ausente, com o engajamento do sujeito se apagando atrás da dimensão do código; ou ainda, um aspecto cantarolante em que a melodia envolve o enunciado para manter à distância a carga subjetiva.

Entendemos por parcimônia a economia meticulosa que se exerce sobre pequenas coisas. A partir disso, podemos reler o comportamento de Baptiste, que consistia em retirar objetos

---

[41] SCHOVANEC, Josef. "Pourquoi, pour certains autistes, se nourrir est un combat", *Brut*, publicado online em 12 de março de 2019, disponível no endereço www.brut.media/fr

[42] O que tivemos oportunidade de observar em nosso primeiro livro, diferenciando a oralização, que caracteriza o ato de fala quando o objeto *a* foi cedido, e a sonorização, em que a voz é envolvida apenas com parcimônia. ORRADO, Isabelle; VIVES, Jean-Michel. *Autismo e mediação. Bricolar uma solução para cada um*. Trad. Paulo Sérgio de Souza Jr. São Paulo: Aller Editora, 2022.

dos estojos de seus colegas para depositá-los atrás do armário, constituindo esse espaço vazio como lugar de acumulação. Essa economia também se manifesta na maneira como Baptiste movimenta seu corpo: pegar um objeto ocorre com uma economia de meio extrema. O engajamento do corpo é mínimo. Finalmente, a maneira como ele pontua as conversas que observa com uma única palavra segue essa mesma lógica. A concisão com que Baptiste intervém em cada uma de suas falas é marcada por uma preocupação notável com a economia. Esse é o ponto central de sua parcimônia — uma relação entre ganho e gasto reduzida ao mínimo — que define tanto sua posição estilística quanto subjetiva: Baptiste é um parcimonioso. Ele "se exterioriza ao mínimo e sem pressa"[43]. Essa característica já estava presente em suas bizarrices e pode ser observada em sua forma de se expressar. Isso nos permite identificar que a economia do corpo expressa nas estereotipias agora se desdobra em uma economia da enunciação. Ali onde a economia presente nos comportamentos estereotipados o isolava do Outro, sua parcimônia enunciativa o integra a ele. Adicionemos a isso a posição particular de onde Baptiste fala, que qualificamos como a de narrador testemunha. Suas palavras precisas assumem um valor de testemunho, no sentido de marcas colocadas sobre o ruído do mundo. No fluxo da fala dos membros do grupo, ele opera uma balizagem do que tenta ser dito. Assim, mantendo-se à margem, Baptiste preserva uma parcimônia que, após ser

---

[43] Definição de "parcimônia" segundo o site do Centre National de Ressources Textuelles et Lexicales, consultado em 24 de outubro de 2023. https://www.cnrtl.fr/definition/parcimonie

observada no campo do corpo e da enunciação, aparece aqui em sua relação com os outros.

O surgimento de um estilo que permite fazer um laço social para muitos autistas é uma característica de sua evolução. Na maioria das vezes, essa evolução é vetorizada por uma "obsessão" frequentemente qualificada de "bizarra" — no cerne da qual frequentemente se identifica um medo que impulsiona a bricolagem feita pelo autista e que se torna a fonte do que pode se transformar em estilo e, eventualmente, fazer laço social. Assim, o pequeno Briac, fortemente impressionado por uma queda de energia, desenvolve uma paixão por postes elétricos, aspiradores e medidores de eletricidade. Mais tarde, ele considerará se tornar eletricista[44]. O mesmo se dá se relermos a situação vivida repetidamente por Temple Grandin, que a conduziu, alguns anos mais tarde, a inventar a "máquina de compressão". Sua mãe tenta abraçá-la e Temple Grandin a arranha, como um animal preso em uma arapuca. Assim, Alexandre Stevens pode afirmar:

> É a partir desse ponto de insuportável causado por tudo o que aperta que ela vai construir sua solução, o grande sintoma que vai orientar toda sua vida. É uma construção

---

[44] "Briac afirma agora que gostaria de se tornar eletricista. Tal desejo não seria surpreendente, considerando que muitos autistas exercem, na vida adulta, uma profissão enraizada em um de seus interesses específicos. Esses interesses parecem frequentemente encontrar sua origem em um trauma que incita a criança a dominá-lo por meio de um conhecimento muito completo sobre o assunto. Parece ser o caso de Briac, já que ele próprio associa seu desejo de se tornar eletricista ao medo do escuro, que sentiu desde muito jovem, um medo que surgiu após quedas de energia inesperadas". MALEVAL, Jean--Claude. "Présentation". In: ALLIO, Deborah. *Attention, a peur! Conversations avec la famille d'um jeune autiste*. Paris: Imago, 2023, p. 32-33.

progressiva: do cobertor pesado à máquina de compressão para gado, passando pelas caixas que contêm o corpo, até chegar à sua própria máquina, aquela que comprime sem sufocar e cuja pressão ela mesma pode regular.[45]

Briac, assim como Temple Grandin, parece não ter outra escolha a não ser elevar o que é intratável (e que constituía sua bizarrice) à dignidade de um estilo. A solução encontraria sua origem em uma tentativa de dominar o ambiente; mas, onde se poderia pensar que essas obsessões os isolavam, sua capacidade de evoluir como soluções revela que uma negociação com o Outro é possível. No entanto, essa solução não é elaborada espontaneamente e nem sempre é encontrada. Ela implica o encontro com alguns outros específicos que não apenas saberão se tornar parceiros do autista, mas, mais essencialmente ainda, desenvolverão um ambiente específico que permitirá elevar a bizarrice, em um primeiro momento, ao nível de um signo e, em um segundo, à dignidade de estilo. Esse estilo então oferece uma inscrição no laço social, podendo se exprimir em um traquejo [*savoir-faire*] que permite ao autista ir ao encontro do Outro. O acompanhamento do pequeno Owen por seus pais, Cornelia e Ron Suskind, ilustra particularmente esse tipo de percurso. Ao aceitar prestar atenção às escolhas de seu filho — como assistir repetidamente a cenas dos desenhos animados de Walt Disney que ele selecionava e desenhar os personagens

---

[45] STEVENS, Alexandre. "Le style de l'autiste: une méthode pour traiter l'autre". In: *Parents et psychanalystes pensent l'autisme*. Paris: Le Champ freudien, 2021, p. 40.

auxiliares, aproximando-os o máximo possível da emoção sentida pelo personagem —, Cornelia e Ron Suskind permitiram que Owen encontrasse um caminho. Assim,

Owen é hoje um rapaz realizado e bem acompanhado. Ele vive [...] em um centro para autistas onde tem seu próprio apartamento. Trabalha em um cinema e em uma loja de brinquedos, além de apresentar um programa de rádio sobre as músicas de Disney [...] Ele também é DJ.[46]

Além disso, o roteiro que ele escreveu para os estúdios Disney sobre personagens auxiliares perdidos em uma floresta em busca de seu herói foi realizado pelo estúdio francês Illumination MacGuff, e "assim como em seu desenho animado, Owen tem a esperança de um dia encontrar o amor de sua vida[47] e sublimar seu herói interior[48]".

Ron Suskind destaca a importância da repetição no autismo para que um caminho seja traçado em direção ao surgimento de um estilo. Ele escreve:

As mais recentes pesquisas com que Cornelia e eu deparamos mostram que uma das características do autismo é a ausência de habituação tradicional, ou a maneira como nos acostumamos com as coisas. Tipicamente, as pessoas

---

[46] SUSKIND, Ron. *Vida animada. Uma história sobre autismo, heróis e amizade.* Trad. Ana Ban. Rio de Janeiro: Objetiva, 2017, p. 347.
[47] É importante notar que, na universidade, Owen vai encontrar um primeiro amor, Emily. *Idem*, p. 317.
[48] *Idem*, p. 347. Ron Suskind não utiliza o termo sublimação no sentido que lhe dá a psicanálise, mas no corrente de "exaltar".

distinguem vários estímulos para ser mantidos ou descartados; assim, nosso cérebro se habitua ao que é conhecido. Depois de assistir a um bom filme pela terceira vez, ou depois da décima exibição de um dos seus preferidos, basta. Muitas pessoas autistas, no entanto, são capazes de vê-lo cem vezes e sentir as mesmas sensações que foram suscitadas da primeira vez. Ao longo do caminho, no entanto, com frequência vão procurar novos detalhes e padrões a cada exibição — a chamada hipersistematização, uma necessidade subliminar para alguns que se inserem no espectro autista. De certa maneira, não é diferente de um músico famoso que passa uma semana trabalhando em alguns poucos acordes ou *um cineasta que revisa infinitas vezes uma cena curta*.[49] [50]

Este último elemento nos lembra da situação do jovem Steven Spielberg, descobrindo os poderes pacificadores do enquadramento, através da lente da câmera. Na ocasião da projeção de *O maior espetáculo da Terra*[51], ele ficou profunda e duradouramente *impressionado* pela catástrofe ferroviária que testemunhou. Ele reencenará incessantemente essa cena, um exemplo manifesto de uma tentativa de domínio. Em seu filme autobiográfico, *Os Fabelmans*, o diretor revisita sua história e alguns elementos nos levam a identificar nele um funcionamento que podemos encontrar em muitos autistas.

---

[49] Grifos nossos.
[50] SUSKIND, Ron. *Vida animada. Uma história sobre autismo, heróis e amizade.* Trad. Ana Ban. Rio de Janeiro: Objetiva, 2017, p. 247-248.
[51] Nota do tradutor: filme de 1952, dirigido por Cecil B. DeMille, estrelando Betty Hutton, Cornel Wilde, Charlton Heston e James Stewart.

Steven Spielberg tinha 7 anos quando seus pais o levaram pela primeira vez ao cinema para ver *O maior espetáculo da Terra*. Ele estava relutante, com medo do que seus pais haviam dito: pessoas gigantes, uma sala mergulhada na escuridão... Seu pai então lhe explicou o que é um filme: fotografias que passam tão rápido que uma imagem "se imprime na retina" — retenhamos essa fórmula — e outra surge antes que o cérebro tenha apagado a anterior. Assim, imagens fixas parecem imagens em movimento. Spielberg então se senta para ver seu primeiro filme. Uma cena o marcou: um acidente, uma colisão entre um carro e um trem, que faz o trem descarrilar. Ao voltar para casa, a criança é invadida por essa cena, que ele continua a rever até em seus pesadelos. Ele foi impressionado por ela, não no sentido figurado, mas no de que a cena se imprimiu nele. Ele então pede um trem elétrico de presente de Hanucá e recria a cena do acidente. O que é notável é como Spielberg encena o olhar do jovem Steven. Ele coloca seu olhar no nível onde o evento acontece: o lugar onde o trem descarrila. Seu olhar está sempre o mais próximo possível da cena, ele já enquadra o acidente. Seu pai, com medo de que quebrasse o trem, pede que ele pare. Mas a criança manifesta sua "necessidade de ver [o trem] fazer o acidente". Sua mãe lhe propõe então — sem contar ao pai — fazer *um* acidente com o trem e filmar a cena. Assim, o menino poderá assistir à sequência quantas vezes quiser. Ele fará vários acidentes, mudando o lugar onde coloca a câmera, criando uma dinâmica na fixidez inicial da cena. A câmera enquadra e coloca em movimento o gozo em jogo. Spielberg acaba de rodar seu primeiro filme e inscreve o que virá a ser sua marca artística: a arte do enquadramento. Em *The Fabelmans*,

Spielberg, na sequência final, em que projeta o filme feito na praia durante a festa de formatura da faculdade, faz uma brilhante demonstração da arte do diretor: raramente vimos tão bem como o enquadramento, a posição da câmera e a montagem dão sentido à obra final. Do menino obcecado pela cena do trem que descarrila ao diretor mundialmente reconhecido, um mesmo elemento aparece: o enquadramento permite a captura momentânea de um real intratável.

Spielberg, ao filmar a cena do descarrilamento do trem de diferentes ângulos — e, com isso, desobedecendo à sua mãe, que havia permitido apenas uma tomada — parece buscar, como disse Ron Suskind, "novos detalhes e motivos" e elabora uma hipersistematização dessa cena *princeps* que será incessantemente repetida ao longo de sua obra. Assim, em 2009, ao receber o prêmio Cecil B. DeMille (o diretor do filme onde tudo começou: *O maior espetáculo da Terra*), Steven Spielberg disse: "Essa foi a coisa mais importante que já me aconteceu". Ele então menciona a cena-chave, "o maior acidente de trem já encenado... Ele me aterrorizou". E, depois de filmar ele mesmo a catástrofe ferroviária: "Sentido o mesmo sentimento de satisfação ao assistir a esse filminho sem parar do que quando recriei a cena. Devo agradecer, portanto, a Cecil DeMille por ter inspirado meu primeiríssimo filme..." Nesse mesmo discurso, Spielberg compartilha a questão que o atormentava na época: "Será que vou me livrar dessa angústia?" Uma angústia que permeia cada um de seus filmes, seja sobre tubarões, dinossauros, alienígenas ou História: "Quando não sou movido por essa angústia, não faço o filme", explica ele. Ao longo de sua carreira, Spielberg também se divertiu citando essa memória por meio de referências mais óbvias, como em *Contatos imediatos de terceiro grau*. No início do filme, Roy tenta ajudar seu filho mais velho a resolver um problema de matemática criando um acidente com o trenzinho de brinquedo sobre a mesa da sala de jantar. Ou ainda, na cena de abertura de *Indiana Jones e a Última Cruzada*: o jovem Indy sobre no trem... de um circo, em alta velocidade.

Esses casos são espetaculares, e fica muito claro que, em cada vez, a criança encontrou em seus pais parceiros privilegiados que a permitiram conduzir experimentações, por mais bizarras que parecessem do ponto de vista externo. No entanto, às vezes isso não é suficiente, e a criança permanece à mercê de sua obsessão, sua estereotipia, sua bizarrice sem poder fazê-la evoluir. É aqui que o papel do clínico se torna essencial, e que a proposta ajustada do dispositivo analítico é necessária.

CAPÍTULO 2

O ambiente potencial: um sítio de experimentações

Os encontros com Baptiste, abordados anteriormente, nos permitem destacar a essência do que está em jogo na ocasião de suas sessões. O clínico implementa um ambiente de trabalho que se constitui em sítio de experimentações, permitindo à criança alojar nele suas bizarrices. Estas, tomadas na dinâmica transferencial, poderão ser pouco a pouco experimentadas como estilo subjetivo. Para dar sequência à nossa análise do percurso feito por Baptiste, propomos introduzir a ideia de ambiente potencial que, num primeiro tempo, gostaríamos de definir a partir da noção de *Stimmung*. *Stimmung* é um termo alemão que optamos por não traduzir[1], de modo a conservar toda a polissemia que ele possui no original.

---

[1] DAVID, Pascal; COHEN-LEVINAS, Danielle. *"Stimmung"* in CASSIN, Barbara (org.) *Vocabulaire européen des philosophes, Dictionnaire des intraduisibles*. Paris: Seuil, Le Robert, 2004, p. 1217-1220.

Stimmung é um derivado verbal de *stimmen*, verbo relacionado com o substantivo *Stimme*, "a voz", com *stimmen* significando "expressar em voz alta, ter voz no capítulo", daí também "voz" no sentido de sufrágio ou voto, mas *stimmen* também significa "acertar", "estar de acordo", e sobretudo "afinar", que será o sentido mais fundamental para a questão da *Stimmung*.

É necessária uma primeira mudança, sintática ou gramatical, para compreender a semântica: a passagem do substantivo "*Stimme*/voz" para o verbo "*stimmen*/afinar", e então para o derivado verbal "*Stimmung*" [...]. Dois *Leitmotive* devem permanecer obsessivamente presentes ao se evocar a *Stimmung*: a voz e a afinação, testemunhando a primazia do musical.

É também a passagem da ação ao efeito: é a ação de afinar um instrumento musical (*stimmen*) que determina seu resultado, ou seja, sua afinação (*Stimmung*). Pode-se até mesmo encontrar em alemão a palavra "acordo" em duas formas: a substantivação do verbo *stimmen* sob a forma de "*das Stimmen*/o afinar" ou de "*Stimmung*/a afinação". Estar "*in Stimmung*" ou "*gestimmt sein*" significa estar em acordo, estar afinado.[2]

Afinar-se[3] (*Stimmung*) à criança autista é o que caracteriza a posição do analista no encontro, permitindo assim a constituição do que chamamos um ambiente potencial, lugar onde a bizarrice identificada por ser experimentada num circuito que implica o Outro.

---

[2] PIERLOT, Pierre. *Les concepts de Stimmung (tonalité affective, disposition thymique) dans l'œuvre peinte et théorique de Carl Gustav CARUS (1789-1869)*. Tese defendida junto à École Pratique des Hautes Études. Paris, 2018, p. 8.

[3] Nota do tradutor: em francês, *s'accorder*, além do sentido de "afinar-se", faz eco ao "entrar em acordo".

Proponhamos uma primeira definição de ambiente potencial: ele permitiria fazer existir um sítio onde as bizarrices da criança poderiam ser experimentadas, apoiando-se num parceiro flexível o bastante para se afinar ao que faz signo. Utilizamos o termo "sítio" em referência à instalação artística. De fato, a etimologia da palavra "sítio" nos remete ao latim *situs*, "localização, situação", que deriva de *sinere*, "colocar, instalar". Propomos ao leitor que entenda o "sítio" como instalação, no sentido que o termo adquiriu no século XX no campo artístico. A instalação, por seu caráter imersivo e interativo, convida o público a entrar em relação com o artista. Nessa oferta, o corpo do espectador é integrado à obra. Confrontado com uma instalação, o espectador não é passivo, mas se torna um ator da e na obra de arte. O sítio é, portanto, a configuração própria de um lugar [*lieu*]. Na oferta de um tratamento para a criança autista, esse lugar é o de um sítio de experimentações no qual o corpo da criança e o corpo do analista são atores do que está sendo interpretado, do que faz signo.

Tino, o escavador

Quando Tino entra pela primeira vez em nosso consultório, ele pula para tudo quanto é canto repetindo "tá coçando, tá coçando, tá coçando...". Os pais explicam que tinham esquecido de cortar a etiqueta da camiseta que ele estava vestindo. Eles nos pedem uma tesoura e a cortam, o que faz parar imediatamente a agitação da criança. Convidamos os pais a nos contar a história de seu filho, enquanto oferecemos a Tino uma folha de papel, canetinhas e alguns brinquedos. Tino não pega nenhum deles. Ele se senta numa cadeira e balança levemente para frente e para trás, um balanço quase imperceptível, que ele faz enquanto coça a pele. Pequenas feridas podem ser vistas em seus antebraços. Tino tem quatro anos, está matriculado na pré-escola. Um diagnóstico de autismo está sendo aventado num centro especializado. Tino fala, por vezes repetindo as mesmas palavras e frequentemente utilizando as mesmas frases, às quais ele dá uma entonação sempre idêntica. Intuitivamente, e muito cedo, os pais notaram que Tino se sentia melhor quando sabia o que ia acontecer ao longo do seu dia. Dessa forma, começaram a ritualizar espontaneamente o cotidiano, não suscitando preocupações específicas (nem dos pais, nem do pediatra) com o desenvolvimento de Tino. Tino era uma criança tranquila, "talvez quieto até demais", acrescenta a mãe. Com o tempo, os pais notaram que, na maior parte do tempo, Tino mantinha uma posição passiva. Ele não começava as interações e se ocupava sozinho. Foi na escola que surgiram seus problemas. Tino é quieto, "quieto demais": ele se coloca onde lhe mandam e não sai de lá. Isso a ponto de virar um problema no laço com os outros — ele se senta num canto do pátio e fica ali sozinho — e em seu aprendizado — ele não deixa nenhum traço escrito. Quando uma pergunta ou pedido lhe é endereçado, ele fica congelado, "como que bloqueado". Só num segundo momento que consegue responder, sempre de maneira automatizada.

Voltemos à primeira sessão. Tino vai até a folha em branco colocada sobre a mesa e, com a unha, coça e raspa até perfurá-la. Depois, vai aumentando o furo até rasgar a folha que, sem seguida, amassa e joga no lixo. Então, deixa o corpo cair no chão. Essa é uma sequência que se repetirá a cada sessão.

Tino nos mostra aqui que ele está em um mundo em que nada falta[4], onde não há espaço para a respiração subjetiva. O excesso se abriga então nesse "tá coçando" que o impulsiona a fazer furos, subtrações, diríamos, que, por não conseguirem se inscrever, se anulam. A operação, assim, precisa ser recomeçada incessantemente.

Decidimos nos interessar pelos furos que ele cria. Passamos nosso dedo por cima deles, também coçamos uma folha e produzimos um furo. Tino se interessa pelo furo em nossa folha, que termina rasgando. Comentamos o que percebemos do furo: seu tamanho, sua forma. Mas também como aumentar o furo. A partir dessas pequenas diferenciações, dessas pinceladas de linguagem, Tino começa a se interessar pelo furo de uma maneira nova; ele também se põe a falar do furo, retomando nossas palavras: "É um furo pequeno! É um furo grande!" Entretanto, notemos aqui que Tino é mais atravessado pelo discurso do Outro do que sujeito de sua fala. Em contrapartida, o que vem dele é o destino e o valor atribuídos a esses furos: um deslocamento importante acontece no dia em que Tino coloca o furo sobre o olho e olha através dele para encontrar meu olhar. Nesse dia, ele pegará a folha para sair do consultório e continuar a olhar o mundo a partir dessa moldura.

Numa reunião pedagógica de que participamos, foi surpreendente constatar a diferença entre os aprendizados de Tino e o conteúdo das sessões. Na escola, ele pode reconstruir

---

[4] "Elas têm, com efeito, acesso a essa dimensão terrível em que não falta nada, pois nada pode faltar. Não há furo". LAURENT, Éric. *A batalha do autismo. Da clínica à política.* Trad. Vera Ribeiro. Rio de Janeiro: Zahar, p. 80.

a sequência de uma história a partir de imagens; ele reconhece as letras e os números; responde oralmente ao que lhe é perguntado, se a troca for sistematizada. Mas ele não está presente nisso, é um saber exterior. "Ele repete e reproduz", dizem os professores, que emitem a hipótese de uma deficiência. Nas sessões, ele está em busca de um saber íntimo ligado à sua existência. Ele ainda não está nas histórias, nas letras e nos números. Há um furo e ele está nele.

Assim, nas sessões, mesmo depois de um ano ele continua a fazer furos nas folhas de papel. Tais sessões se constituíram como um sítio de experimentações que Tino continuará a desenvolver. Ele pega blocos de construção, que coloca sobre o furo na folha. São blocos maiores ou menores que se acomodam ao tamanho dos furos. Ao colocar ou tirar um bloco de construção, ele faz aparecer e desaparecer o furo, ele o cobre e descobre acompanhando seus movimentos de um "Ah! O furo!", "Ah! Não tem mais furo", expressões que também foram tomadas de empréstimo do Outro. Em seguida, ele dobra a folha e a deixa no consultório.

Uma série longa de sessões verá tal lógica se desdobrar até o dia em que ele pressiona com tanta força que deixa na folha, ao redor do furo, um traço, um sulco. Ele fica surpreso. Ele passa o dedo sobre a marca quadrada. Fazemos o mesmo e, pegando uma caneta, depois de pedir sua permissão, traçamos uma linha seguindo o sulco. Uma marca agora emoldura o buraco. Propomos então a Tino que guarde essa folha em sua pasta. Ele aceita. Ele nos pedirá muitas vezes para traçar essa linha depois de ele próprio fazer o sulco. O buraco encontra uma borda, e vamos ver que é a partir dela que Tino poderá construir um saber.

Um novo deslocamento ocorre quando ele descobre a arte pixelizada. Trata-se de desenhos compostos apenas de pequenos quadrados de diferentes cores. Tino chega à sessão com uma imagem pixelada e exclama: "Vamos fazer o desenho!". Pegamos uma folha quadriculada e seguimos as instruções de Tino para produzir diferentes pequenos quadrados que formam um desenho.

A partir disso, Tino começa a contar, utiliza as cores e pode pegar uma canetinha para fazer sozinho os quadrados. Esse interesse abre para Tino a possibilidade de um laço social: os outros se interessam por seus desenhos e vêm falar deles. Esse momento é um tempo lógico fundamental, tempo em que a linguagem assume um outro valor. Se até aqui ele se exprimia com expressões emprestadas do Outro para responder a uma demanda ou descrever algo — poderíamos dizer "frases-telas" —, Tino usa cada vez mais da fala para comunicar. Esse progresso, contudo, não acontece sem angústia nem dificuldades. Ele se torna menos dócil tanto em casa como na escola. Várias crises de cólera estouram quando ele não consegue se fazer compreender, o que, do ponto de vista de sua construção psíquica, é um avanço. Para os pais e para a escola, será preciso acompanhá-lo nesse movimento. A professora vai utilizar letras pixeladas para abordar a leitura. Nesse caso, a letra será um conjunto de quadrados que ele associa a um som. Tino aprenderá a ler.

Depois dos pixels, vêm os voxels[5]. Tino descobre o *Minecraft*. Esse jogo consiste em fazer construções a partir de

---

[5] Nota do tradutor: o voxel (volume X element) é o equivalente tridimensional do pixel.

voxels (cubos) que representam materiais diferentes, como terra, areia, pedra, água, lava... Ele joga em casa e fala sobre na sessão. Num primeiro tempo, ele ativa o modo "criativo", que permite ao jogador construir e destruir os blocos instantaneamente e à vontade. O jogador evolui sozinho e pode se deslocar rapidamente, como por levitação, sem limitações corporais. Tino vem à sessão com *screenshots* de suas construções, das quais nos dá detalhes explicando como as concebeu.

Ele realiza uma mudança de interesse no *Minecraft*, ativando o modo "sobrevivência", no qual o jogador é lançado num mundo complexo, povoado de monstros agressivos que aparecem em lugares escuros (na noite ou em grutas). O jogador deve sobreviver e ser capaz de se defender com a fabricação de utensílios (picaretas, armaduras...) a partir de blocos de material que ele precisa coletar. Ele também precisa caçar animais ou cultivar cereais e legumes para se alimentar. Tudo isso se faz caminhando e, portanto, com uma certa lentidão. O que é notável é que, com esse modo, Tino aceita fazer algo com o corpo e a presença do outro. É preciso tempo para cultivar, se deslocar etc., ao passo que, no modo criativo, tudo era instantâneo e ilimitado. Outro aspecto: o valor do objeto se modifica, ele troca e entra em diálogo com o outro. Tino usará esse jogo para tratar suas modalidades de relacionamento com as crianças da escola. Mas também para encontrar uma maneira de se proteger, não dos monstros, mas das zonas sombrias que, para Tino, fazem furos no cenário. É a singularidade de Tino: o que importa para ele é dispor os blocos ao redor de zonas que não possuem bordas bem definidas. Ele as emoldura.

O acesso à escrita será favorecido pela utilização de um computador.

O caso de Tino nos mostra como o espaço da sessão se erige como um sítio de experimentações. Aí temos as coordenadas iniciais do ambiente potencial, que ligamos à noção de *Stimmung*.

Afinar-se: os desafios do encontro com a criança autista

Como recordamos anteriormente, em alemão, esse termo extremamente rico provém etimologicamente da palavra *Stimme* (a voz) ou *Stimmen* (estar certo, afinado). *Es stimmt*, diz-se para "concordar". Vê-se aqui como a questão essencial da voz e da dinâmica invocante — cuja importância no autismo Jean-Claude Maleval[6] demonstrou e que nós mesmos retomamos para explorar suas modalidades de expressão[7] — está no cerne da noção de *Stimmung*. Além disso, esse termo, empregado como equivalente de "atmosfera", "ambiência", "clima", também designa um estado de alma, no sentido de "disposição de espírito", de "humor". Ele permite ainda qualificar uma impressão estética que emana de uma situação, de um lugar, e que repercute em cada um dos sujeitos presentes. Ele revela então uma tonalidade, onde podemos reconhecer um termo técnico musical: a tonalidade música

---

[6] MALEVAL, Jean-Claude. *O autista e sua voz*. Trad. Paulo Sérgio de Souza Jr. São Paulo: Blucher, 2017.
[7] ORRADO, Isabelle; VIVES, Jean-Michel. *Autismo e mediação. Bricolar uma solução para cada um*. Trad. Paulo Sérgio de Souza Jr. São Paulo: Aller Editora, 2022, p. 81-151.

estando ligada ao conjunto de caracteres relacionados à escolha de uma tônica determinada. Podemos aproximar isso da fórmula de Antonio Di Ciaccia: "O Outro é a atmosfera do sujeito[8]". Devemos entender aqui que esse Outro com o qual lidamos não representa uma realidade objetiva, mas uma realidade subjetiva. No autismo, a criança está diante de um Outro devorador, aniquilador.

Diversos testemunhos de pessoas autistas relatam um medo incomensurável de devoração. Ele pode assumir diferentes formas, mas está presente quase que sistematicamente. Henri Rey-Flaud fez dele o título de um de seus trabalhos sobre o autismo: *Les enfants de l'indicible peur*[9], *As crianças do medo indizível*. O autor retoma numerosos exemplos de manifestação deste terror de aniquilação em relação com a dimensão do furo: o buraco negro, o abismo sem fundo e ou ainda o famoso "grande nada escuro" de Donna Williams dão dela uma dimensão. De fato, a criança autista se vê diante de um nada, o Outro não tendo sido descolonizado pela Coisa[10].

Os desenvolvimentos de Eric Laurent nos permitem apreender isso a partir da topologia. Ele postula que o autismo é marcado por uma foraclusão do furo, a ser entendido como foraclusão do furo simbólico. De fato, um furo se define como uma cavidade ou, dito de outra forma, como um "espaço oco, natural ou artificial, mais ou menos largo e mais ou menos profundo, fechado ou não, em um corpo

---

[8] DI CIACCIA, Antonio. "Le sujet et son Autre", *Préliminaire*, n°11, 1999, p. 97-102.
[9] REY-FLAUD, Henri. *Les enfants de l'indicible peur. Nouveau regard sur l'autisme*. Paris: Aubier, 2010.
[10] Desenvolvemos esse ponto mais adiante. Ver páginas 119 a 121.

sólido[11]". Este furo não é acessível à criança autista: nenhum corpo sólido e nenhuma borda cercam o vazio. Disso, poderíamos nos alinhar à fórmula de France Tustin, "buraco negro[12] [13]", com a condição de compreendê-la em sua dimensão astrofísica: o buraco negro é um objeto cujas bordas não estão definidas. Ele se caracteriza por sua compacidade, cuja intensidade é tal que seu campo gravitacional atrai e absorve tudo o que passa em seu perímetro. O buraco negro não é um vazio, ele é um cheio, um desbordamento. Nada falta ao buraco negro. Ele é uma figura do Outro no autismo, testemunha da foraclusão do furo.

O caso de Tino é paradigmático dessa questão. Ele tem a necessidade de fazer furos, em especial na pele. No consultório do analista, essa necessidade será experimentada de forma diferente. Se o furo se revela, num primeiro momento, aniquilador, a afinação do analista faz dessa iteração uma experimentação, elevando-a ao estatuto de repetição. O analista deve, portanto, encontrar uma forma de presença, encarnar um Outro temperado, que modifica a atmosfera habitual do autista, fazendo das sessões um lugar à parte, potencialmente aberto à experimentação.

O termo *Stimmung* designa, como vimos, a afinação/desafinação do instrumento ou a sintonização de uma estação de rádio. Esse último sentido é especialmente interessante para

---

[11] Verbete "cavité" no site do Centre National de Ressources Textuelles et Lexicales. Consultado em 11 de agosto de 2024. https://www.cnrtl.fr/definition/cavite
[12] TUSTIN, Frances. *Autisme et psychose de l'enfant* (1972). Paris: Seuil, 1977.
[13] Nota do tradutor: em francês, o "buraco negro" astrofísico é chamado *trou noir*. Em português, a tradução usual de *trou* por "furo" nos obriga a utilizar dois vocábulos distintos: "furo" e "buraco".

o clínico que trata do autismo, pois ele deve encontrar a boa frequência para ser capaz de receber a mensagem emitida. O possível encontro com o sujeito autista só parece possível a uma justa distância, mas, mais importante ainda, por uma afinação que não o confronte com um Outro aniquilador: trata-se de oferecer um ambiente potencial.

Da justificativa para diferenciar o espaço potencial de um ambiente potencial

Se optamos por falar de um ambiente potencial e utilizar aqui o termo *Stimmung* — que não pertence ao vocabulário da psicanálise, mas ao da fenomenologia — é porque ele nos permite precisar e diferenciar este ambiente, no qual o clínico se afina à criança autista, do "espaço potencial" winnicottiano, que não lhe é acessível. A *Stimmung* seria a qualidade fenomenológica do ambiente potencial, incluindo ao mesmo tempo a afinação, endereçamento invocante, disposição e atmosfera. No primeiro volume, já havíamos diferenciado o objeto transicional do objeto autístico[14]: se o objeto transicional está destinado a cair, o objeto autístico, por sua vez, só é parcimoniosamente perdível. Winnicott disse que, no caso do objeto transicional, não é "tanto o objeto usado quanto o uso do objeto[15]" o que importa. No caso do autismo, o uso que é feito do objeto é muito claro: delimitar o mundo da criança.

---

[14] ORRADO, Isabelle; VIVES, Jean-Michel. *Autismo e mediação. Bricolar uma solução para cada um*. Trad. Paulo Sérgio de Souza Jr. São Paulo: Aller Editora, 2022, p. 31-68.
[15] WINNICOTT, Donald W. (1971) *O brincar e a realidade*. Trad. Jayme Salomão. Rio de Janeiro: Imago, 1975, p. 7.

Mas notemos, sobretudo, que esse objeto não é achado-criado, mas é testemunha de uma manifestação mínima de extração de um objeto do ambiente e, portanto, de uma escolha. A partir disso, defendemos que o objeto utilizado já é a manifestação de uma escolha a partir da qual supomos a existência de um sujeito. Da mesma forma que diferenciamos o objeto transicional do objeto autístico, parece-nos essencial diferenciar o espaço potencial do ambiente potencial, desdobrado pelo analista para se colocar à disposição[16] da criança autista.

O espaço potencial onde se desdobra o jogo e a *rêverie* não pertence à realidade psíquica interna nem ao mundo exterior. Ele é um espaço intermediário, situado entre duas realidades normalmente opostas, um lugar aquém da bipartição dentro/fora. O espaço potencial é um espaço paradoxal a um só tempo interior e exterior, onde simbólico e imaginário se veem convocados. Ele aparece quando acontece a transição entre dois momentos do desenvolvimento da criança: o estado indiferenciado e não integrado e aquele em que, surgida como sujeito na cena psíquica, ela ao mesmo tempo constitui um objeto. O analista participa da criação e sustentação desse espaço potencial de que a criança será cofundadora. É no seio deste espaço que a criança e o Outro se encontrar e travam seu diálogo.

Winnicott oferece uma bela abordagem desse conceito em "O lugar em que vivemos", onde se pergunta

> Onde estamos, quando fazemos o que, na verdade, ocupamos grande parte do nosso tempo, a saber, divertindo-nos?

---

[16] "Disposição" pode ser outra tradução de *Stimmung*.

O conceito de sublimação abrange realmente todo esse padrão? Podemos auferir algum proveito ao examinarmos esse tempo que se refere à possível existência de um lugar para viver, e que não pode ser apropriadamente descrito nem pelo termo "interno" nem pelo termo "externo"?[17]

O espaço potencial é este lugar de construção da identidade da criança por ela mesma com os outros, que permitirá a experiência estética, mas também a formação de uma dinâmica de perda simboligênica. O objeto transicional se abriga aí e se torna o lugar de trânsito entre a mãe e a criança[18]. Se o objeto transicional permite o encontro entre a criança e o Outro, o espaço potencial é um espaço de mediação. Ora, a criança autista não criou este espaço potencial que designa uma terceira área da experiência, nem interna nem externa ao sujeito, povoada pelos objetos transicionais (um ursinho de pelúcia, por exemplo), depois pelos jogos simbólicos da criança. Esse espaço potencial necessita de um acesso ao simbólico que a criança autista não tem à sua disposição. Eis porque falamos em ambiente potencial, que não é cofundado pela criança e o terapeuta como pode ser o espaço potencial, mas que é produzido e oferecido à criança pelo clínico, para que ela possa experimentá-lo, pois o clínico se afina a ela, às

---

[17] WINNICOTT, Donald W. (1971) "O lugar em que vivemos". *O brincar e a realidade*. Trad. Jayme Salomão. Rio de Janeiro: Imago, 1975, p. 167-168.
[18] Ver sobre isso os desenvolvimentos de Henri Rey-Flaud, que mostra como o que se passa entre o bebê e seus pais, em torno do objeto transicional, é uma prova de força onde a morte e a ressurreição do objeto transicional permitem à criança provar — em todos os sentidos do termo — as figuras parentais. REY-FLAUD, Henri. "L'aptitude à être détruit". In: CAUSSE, J-D; REY-FLAUD, H. (orgs) *Paradoxes de l'autisme*. Toulouse: Eres, 2011, p. 15-27.

suas bizarrices, sem tomá-las como anormalidades ou déficits. O ambiente potencial é uma criação do terapeuta que, tomando em conta a bizarrice da criança e extraindo delas o que as torna uma manifestação singular, permite o surgimento de um estilo.

Do desbordamento de gozo à constituição de uma borda: fazer nascer um falasser para a vida

Um ambiente potencial é um espaço exterior à criança, que essencialmente convoca a dimensão imaginária para tocar o real. Giorgio Agamben nos oferece uma indicação topológica preciosa a respeito da *Stimmung*, o que nos permite precisar a especificidade do ambiente potencial: "O lugar da *Stimmung* [...] não está na interioridade nem no mundo, mas no limitar entre ambos[19]". Disso, podemos dizer que o ambiente potencial é um sítio que permite o surgimento de uma borda. Borda cuja importância os analistas que trabalham com autistas perceberam e que o caso de Tino destaca: um valor de proteção e de mediação.

A *Stimmung* mobilizaria um contato com a Coisa antes que ela se constituísse em objeto. Fazer existir um ambiente potencial implica, portanto, que o clínico possa se situar naquilo que Jean Oury chamou "o espaço do pré[20]". Registro do encontro, que o psicanalista de Laborde relaciona com

---

[19] AGAMBEN, Giorgio. "Vocação e voz". In: *A potência do pensamento. Ensaios e conferências*. Trad. Antonio Guerreiro. Belo Horizonte: Autêntica, 2015, p. 73.
[20] OURY, Jean. *Création et schizophrénie*. Paris: Galilée, 1989.

A fábrica do pré, de Francis Ponge[21]. Um espaço do "pré", pré-objetal, predicativo, etc., ou seja, um espaço de possibilitação da criação. O espaço do pré faz emergir um lugar onde a criança autista e o analista podem existir sem terem que se constituir inicialmente. Podemos isolar esse momento no acompanhamento de Tino, quando ele faz furos de um lado e o analista faz o mesmo do outro lado. Essas duas trajetórias paralelas constituem *a fabricação do pré* a partir da qual os pontos de contato irão surgir, acompanhando Tino em sua busca.

Definimos o ambiente potencial como as coordenadas do encontro postas em prática pelo clínico, que permitem organizar uma *Stimmung* a partir da qual a criança pode experimentar seus movimentos pulsionais, ir ao encontro do que a rodeia e fazer surgir bordas, em vez do des-bordamento, cujo ingresso de Tino no consultório do analista gritando "tá coçando" é um testemunho. O desbordamento (isto é, o escoamento considerável, para retomar uma antiga definição médica) do gozo que a bizarrice presentifica, ao encontrar um Outro afinado e temperado, pode se transformar em borda:

> [...] um limite quase corporal [...] constituindo então um *espaço* — que não é nem do sujeito nem do Outro — onde possa haver trocas de um tipo novo, articuladas com um Outro menos ameaçador.[22]

É então que se pode delinear um endereçamento, um estilo pode se formar e, como mostraremos no próximo capítulo, uma

---

[21] PONGE, Francis. *La fabrique du pré*. Paris: Skira, 1971.
[22] LAURENT, Éric. *A batalha do autismo. Da clínica à política*. Trad. Vera Ribeiro. Rio de Janeiro: Zahar, p. 82-83. Grifo no original.

assinatura pode aparecer. A intervenção clínica permite que, neste ambiente potencial, a criança possa não se representar — o que é característico do espaço potencial —, mas se apresentar o ao mundo, o que implica levar em consideração o limiar sobre o qual o autista se encontra para buscar uma forma de ser. Todo clínico que recebe crianças autistas sabe a dificuldade de encontrar um ponto de contato a partir o qual desdobrar seu trabalho. A clínica do autismo muitas vezes se depara com a dificuldade dos pacientes em usar a linguagem para se comunicar, embora todos os relatos mostrem que eles têm coisas a dizer e até mesmo o desejo de fazê-lo. É um trabalho por vezes demorado, que requer paciência, que se abre. Em 1967, na conclusão de sua "Alocução sobre as psicoses da criança", Lacan lançava a pergunta: "que alegria encontramos nós naquilo que constitui nosso trabalho?[23]". Propomos responder assim: ao manter viva, sessão após sessão, além da inibição, da angústia e do sintoma, a suposição de que há sujeito.

Ao reler Winnicott, uma fórmula nos marcou: "fazer nascer um caso para a vida[24]". Winnicott propõe esta fórmula quando apresenta seus encontros com as crianças a partir do *Jogo do rabisco*[25]. A hipótese de Winnicott é que, a partir dos

---

[23] LACAN, Jacques. (1967) "Alocução sobre as psicoses da criança". In: *Outros escritos*. Trad. Vera Ribeiro. Rio de Janeiro: Zahar, 2003, p. 367.
[24] "[...] os desenhos da criança e da criança comigo podem ser um meio para dar vida ao caso". WINNICOTT, Donald W. *Consultas terapêuticas em psiquiatria infantil*. Trad. Joseti Cunha. São Paulo: Ubu/WMF Martins Fontes, 2023, p. 14. [Nota do tradutor: a versão brasileira foi modificada para incluir a noção de "fazer nascer", importante no argumento dos autores.]
[25] O *squiggle* (*Jogo do rabisco*) é um jogo de desenho a dois desenvolvido e teorizado pelo psicanalista inglês Donald W. Winnicott. A criança ou o analista começa um desenho ou rabisco, e o parceiro se apropria dele para completá-lo, e assim por diante.

desenhos realizados *em conjunto*, é possível fazer nascer o caso para a vida. Trata-se de uma indicação preciosa para aqueles que se envolvem com sujeitos autistas e, se lermos a asserção de Winnicott à luz do último ensino de Lacan, ela nos permite pensar nas ressonâncias pulsionais às quais um ser está submetido, levando-nos a considerar que o desafio é o "fazer nascer o sujeito". De fato, a nosso ver, não se trata tanto de *caso*, mas de *sujeito*.

Precisemos: o que entendemos por sujeito? Freud, em "As pulsões e seus destinos[26]", lança a hipótese de que um novo sujeito aparece no seio da dinâmica pulsional que ele a analisa a partir do par "olhar"/"mostrar-se". Descrevendo o destino da "pulsão de olhar" na forma de retorno-reversão deste par pulsional, é no terceiro momento, ou seja, a busca por uma satisfação em ser olhado, que Freud emprega a palavra "sujeito", termo extremamente raro em seus escritos:

- O olhar como *atividade*, dirigido a um objeto alheio;
- O abandono do objeto, o retorno da pulsão de olhar como uma parte do próprio corpo, e com isso a reversão para a passividade e a designação da nova meta: ser contemplado;
- A introdução de um novo sujeito, a quem a pessoa se mostra, no intuito de ser observada por ele.[27]

Freud qualifica aqui o Outro — que podemos escrever com uma O maiúscula — implicado pelo circuito da pulsão

---

[26] FREUD, Sigmund. (1915) *As pulsões e seus destinos*. Trad. Pedro Tavares. Belo Horizonte: 2013.
[27] *Idem*, p. 41.

como novo sujeito. Qual é, então, essa diferença qualitativa que Freud distingue em tal novidade? Podemos dizer que esse "novo sujeito" é aquele que o sujeito-em-devir constitui, ou seja, um Outro não surdo, mas que também não é "panfônico". É o nascimento do Outro[28], para retomar a fórmula do casal Lefort, como lugar da linguagem. Lacan retomará esse circuito pulsional para decliná-lo segundo as diferentes pulsões parciais: ser olhado, olhar, fazer-se ver; ser ouvido, ouvir, se fazer ouvir... O novo sujeito diz respeito, portanto, ao nascimento do Outro e, de maneira concomitante, ao nascimento do sujeito, que se situa no mundo dos significantes.

Como aparece um "novo sujeito" no autismo? Essa questão nos conduz diretamente à interrogação da dimensão da transferência na clínica do autismo.

Como pensar a transferência com uma criança autista?

Vamos partir de uma breve vinheta clínica muito instrutiva: Lydia tinha quatro anos quando foi recebida para uma entrevista. Naquele momento, ela recusava qualquer contato fora de sua família próxima. Durante as primeiras sessões, ela repetia a mesma sequência: esvaziava os objetos das caixas disponibilizadas para ela, depois sentava-se no chão, encostada numa parede. Ela então começava a balançar-se, batendo a cabeça na parede, e agitava as mãos em um movimento de

---

[28] LEFORT, Rosine; LEFORT, Robert. *O nascimento do Outro*. Trad. Angela Jesuíno. Salvador: Ed. Fator Livraria, 1984.

flapping. O analista tentou várias ações: manter-se um pouco afastado, brincar ao lado dela, tentar entrar em contato, falar em voz alta... nada funcionou. Ele então se senta no chão ao lado de Lydia, encostado na parede, observa os objetos espalhados no chão e deixa escapar um suspiro. Lydia para de balançar, olha para o analista, que então acrescenta: "Fazer o quê?", Lydia responde: "É uma carnificina". É a partir dessa fala que o trabalho poderá começar e se orientar.

O que essa sequência nos ensina? Lydia se manifesta no momento em que o analista, aqui na posição de grande Outro, se desfaz de qualquer posição de saber e, portanto, de qualquer risco de atribuição para ela. A instalação de um "novo sujeito", por meio do qual nos deixamos ver parece se fazer quando o analista marca sua presença por uma falta[29], ou seja, quando ele não se apresenta "onividente" e/ou "panfônico", quando não se posiciona como todo poderoso e gozador. Podemos até dizer que ele encontra uma maneira de portar essa negação em sua própria enunciação, aqui pelo suspiro que ele deixa escapar. Em nosso primeiro livro, destacamos as questões relativas à voz no autismo, usando como pedra angular o "peso real do sujeito", conforme a proposta de Lacan: "Comumente, o sujeito produz a voz. Digo mais, a função da voz faz intervir no discurso o peso do sujeito, o seu peso real[30]". Esse peso real do sujeito se manifesta em qualquer tomada da palavra: "A linguagem não é um código,

---

[29] Escolhemos aqui não falar de castração, o que destacaria o simbólico, mas de falta, para qualificar a afinidade com a dimensão imaginária, o que a sequência clínica demonstra.
[30] LACAN, Jacques. (1958-1959) *O seminário, livro 6: O desejo e sua interpretação*. Trad. Claudia Berliner. São Paulo: Zahar, 1016, p. 415.

precisamente porque, em seu menor enunciado, ela veicula com ele o sujeito presente na enunciação[31]".

O suspiro posto em ato na sequência com Lydia nos permite, inversamente, identificar como o analista engaja seu corpo ao mesmo tempo em que retira qualquer intenção que poderia fazer atribuições muito diretas a Lydia. Esse é um ponto essencial, pois podemos então perceber que a dimensão do sujeito não é a única em jogo. Vê-se aí o corpo associado. O autismo nos abre para a clínica do falasser, ou seja, um sujeito mais seu corpo[32]. Portanto, trata-se de fazer nascer um falasser.

A partir daí, se fica claro que uma forma de transferência é possível no encontro com o autista, a maneira como ela se manifesta não tem absolutamente nada a ver com o que Lacan propôs em 1974 na "Introdução à edição alemã dos *Escritos*", isto é, "o amor que se dirige ao saber[33]". De fato, na proposta lacaniana, encontramos a ideia de que uma pessoa, ao se dirigir a um analista, supõe-lhe um saber sobre aquilo que a faz sofrer. Isso não pode ser aplicado à técnica com o autismo, na qual a criança não parece supor nada a um eventual terapeuta. Diversos testemunhos indicam a incompreensão que as crianças/adolescentes autistas podem sentir frente à intervenção de um terapeuta que têm dificuldade em situar. Assim, o jovem Sean Barron, ao encontrar um

---

[31] LACAN, Jacques. (1964-1965) *Seminário 12: Problemas cruciais para a psicanálise*. Inédito. Aula de 10 de março de 1965.
[32] *Cf.* MILLER, Jacques-Alain. *O osso de uma análise*. Rio de Janeiro: Zahar, 2015.
[33] LACAN, Jacques. (1973) "Introdução à edição alemã de um primeiro volume dos *Escritos*". In: *Outros escritos*. Trad. Vera Ribeiro. Rio de Janeiro: Zahar, 2003, p. 555.

psicólogo, relata, alguns anos depois, sua incompreensão e sua incapacidade de investir nesse espaço oferecido:

> Havia um homem na sala, mas eu não sabia quem ele era. Em um dado momento, ele se ajoelhou no chão, ao meu lado, o que me chocou profundamente. Até hoje me pergunto o que ele queria. Eu fiquei tão surpreso que me lembro de realmente tê-lo olhado.[34]

Aqui, não há nenhuma suposição de saber, apenas o enigma intransponível da confrontação com a presença do Outro. No entanto, a sequência clínica com Lydia nos indica claramente que um encontro é possível. O que constitui esse encontro vale apenas para este sujeito, naquele momento. Nenhum método pode ser aplicado. Nossa hipótese é de que o suspiro emitido naquele instante une duas dimensões: o fato de o analista se desfazer de toda intenção, articulado à suposição de que há sujeito. Só então esse suspiro pode se constituir em apelo para Lydia, sem que isso — por ser fora do sentido e sem atribuição — seja vivido como insuportavelmente intrusivo e, portanto, inaudível. A suposição orienta — dá uma direção, um endereçamento —, mas não atribui. Lacan introduz a ideia do sujeito suposto saber articulando-a com a questão da transferência. Alain Didier--Weill[35] irá completar esta ideia propondo articular a posição

---

[34] BARRON, Sean; BARRON, Judy. *Moi, l'enfant autiste*. Paris: Plon, 1993, p. 57. Tradução livre.
[35] DIDIER-WEILL, Alain. *Os três tempos da lei. O mandamento siderante, a injunção do supereu e a invocação musical*. Rio de Janeiro: Jorge Zahar Editor, 1998.

do psicanalista à de um sujeito suposto saber que há sujeito e que, ao supô-lo, autoriza sua assunção. A suposição assim pensada, ao se prender a algo que ainda não existe, sublinha sua potencialidade e torna possível sua existência. A emergência e a colocação em movimento do sujeito estariam ligadas a essa suposição, que permitiria sua orientação a partir de um ponto fora do sentido.

Didier-Weill já havia esboçado e desenvolvido essa ideia em três intervenções feitas no seminário de Lacan: nas aulas de 21 de dezembro de 1976 e 8 de fevereiro de 1977, ao longo do seminário *L'insu que sait de l'une-bévue s'aile à mourre* e na aula de 8 de maio de 1979 do seminário *A topologia e o tempo*. Na ocasião da primeira, em 1976, Didier Weill propõe:

> Descobrimos que a música é uma alteridade que teria ouvido em nós algo que não podíamos ouvir por nós mesmos e que, nesse sentido, em um primeiro tempo lógico, somos menos o ouvinte da música do que ela é nossa ouvinte.[36]

O que Didier-Weill indica aqui é que a música nos supõe, ela nos escuta antes mesmo que nós sejamos seus ouvintes. Da mesma forma que Lacan propôs que possamos ser olhados pelo reflexo luminoso numa lata de sardinhas[37], Didier-Weill afirma que a música não é apenas ouvida, mas também nos ouve. É essa qualidade da música que a torna um vetor

---

[36] DIDIER-WEILL, Alain. "Intervenção do Seminário *L'insu que sait de l'une-bévue s'aile à mourre*". Inédito. Aula de 21 de dezembro de 1976.
[37] LACAN, Jacques. (1964) *O seminário, livro 11: Os quatro conceitos fundamentais da psicanálise*. Trad. M.D. Magno. Rio de Janeiro: Jorge Zahar Editor, 1985, p. 94.

frequentemente relevante para encontrar pacientes autistas, como mostramos na ocasião de nosso primeiro livro: ela lhes permite experimentar o circuito da pulsão invocante sem os atribuir diretamente[38]. Tal distinção será esclarecida em 1979:

> Eu diria que um sujeito suposto é um sujeito que é eventualmente suposto poder surpreendê-los; um sujeito suspeitado, por outro lado, é um sujeito de quem nada pode fundamentalmente surpreender, pois em relação ao sujeito suspeitado há uma prevenção, mais exatamente uma presunção, e nada que venha dele poderá surpreender: qualquer coisa que ele diga será integrada de alguma forma e não terá nada de surpreendente.[39]

É essa suposição que permitiria fazer nascer um falasser à vida. Não impor nada em relação ao saber, mas supor que há um sujeito permite ao clínico estabelecer uma bússola que orienta seu ato. Uma das consequências da suposição é que o encontro com tal sujeito suposto é considerado possível. Ali onde a compulsão à repetição — o que no autismo observamos como iteração — impõe um retorno do mesmo, vivenciado de maneira pesada, a suposição permite ao clínico oferecer um sítio de experimentações, lugar de um encontro surpreendente no qual o sujeito suposto se reconhece ouvido sem, no entanto, ser tomado ao pé da letra.

---

[38] ORRADO, Isabelle; VIVES, Jean-Michel. *Autismo e mediação. Bricolar uma solução para cada um*. Trad. Paulo Sérgio de Souza Jr. São Paulo: Aller Editora, 2022, p. 121-136.
[39] DIDIER-WEILL, Alain. "Intervenção no seminário *A topologia e o tempo*" (1979). Inédito. Tradução livre.

A transferência com o sujeito autista, a partir daí, seria menos uma oferta de amor e mais um duplo movimento. O clínico supõe um sujeito no autista a partir da escolha feita, e o autista experimenta que o clínico pode se tornar um *personagem auxiliar* para ir ao seu encontro. Jean-Claude Maleval se aproxima dessa posição quando, retomando os trabalhos de Laurent Danon-Boileau[40], propõe:

> Convém ser "transformado em instrumento", se inserido nos rituais, e permitir ao autista construir "seu lugar de condutor do jogo". Em suma, o analista deve inicialmente se colocar sob as ordens do autista. Ele se situa, então, mais como auxiliar do que como duplo.[41]

É essa noção de "auxiliar" que nos dedicaremos a desenvolver agora a partir dos personagens auxiliares caros a Owen Suskind, encontrados nos desenhos animados da Disney.

Fazer-se personagem auxiliar

Se o psicanalista deve tornar-se o secretário do alienado[42], ele deve, esta é a nossa proposta, fazer-se um *personagem*

---

[40] DANON-BOILEAU, Laurent. *Des enfants sans langage. De la dysphasie à l'autisme*. Paris: Odile Jacob, 2002.
[41] MALEVAL, Jean-Claude. *La différence autistique*. Paris: PUV, 2021, p. 346.
[42] "Vamos aparentemente nos contentar em passar por secretários do alienado. Empregam habitualmente essa expressão para censurar a impotência dos seus analistas. Pois bem, não só nos passaremos por seus secretários, mas tomaremos ao pé da letra o que ele nos conta — o que até aqui foi considerado como coisa a ser evitada". LACAN, Jacques. *O seminário, livro 3: As psicoses*. Trad. Aluisio Meneses. Rio de Janeiro: Jorge Zahar Editor, 1985, p. 235.

auxiliar do autista. A ideia da importância do personagem auxiliar para o autista se impôs a nós a partir do relato feito por Ron Suskind sobre a evolução de seu filho Owen graças a seu interesse pelos desenhos animados de Walt Disney. Ron descobre que seu filho realiza um tratamento de seus afetos a partir dos *sidekicks*, os ajudantes, os escudeiros, os personagens secundários dos filmes. "Um escudeiro é quem ajuda o herói a cumprir seu destino", afirma o jovem Owen[43]. Propomos substituir o termo "escudeiro" por "personagem auxiliar", já identificado por Vladimir Propp na morfologia dos contos[44]. O personagem auxiliar é aquele que ajuda o herói a realizar o objetivo que lhe é atribuído ou, para retomar a luminosa formulação de Owen, "cumprir seu destino". Em que medida o clínico pode ser pensado como um personagem auxiliar para a criança autista? Para evitar desde o início qualquer ambiguidade, é importante dizer que quando utilizamos o termo auxiliar, não nos referimos à ideia de ego auxiliar, desenvolvida por Bion, que pensa o Ego auxiliar materno como realizando um trabalho de redução emocional que o Ego do bebê, no início de sua vida, não poderia realizar sozinho. A partir disso, Bion sustenta que o psicanalista faria um trabalho idêntico, ou seja, reconheceria vivências que não lhe pertencem, mas que o paciente projetaria sobre ele[45], e as trataria para poder restituí-las ao analisando. É também necessário diferenciar o personagem auxiliar do

---

[43] SUSKIND, Ron. *Vida animada. Uma história sobre autismo, heróis e amizade.* Trad. Ana Ban. Rio de Janeiro: Objetiva, 2017, p. 117.
[44] PROPP, Vladimir. *Morfologia do conto maravilhoso.* São Paulo: Forense, 2006.
[45] BION, Wilfred. *Elementos de psicanálise.* São Paulo: Espaço Psi, 2023.

que se chama "apoio no duplo" no campo do autismo, que corresponderia a uma relação fusional ou mesmo confusional com o outro. Maleval relata uma pergunta feita por uma psicóloga a um autista de 37 anos: "Por que essa necessidade de se colocar na pele de outra pessoa?" Ao que ele responde: "Porque eu não sei como fazer para existir, eu, eu não sei como existir[46]".

O personagem auxiliar se distingue, portanto, dessas conceituações. Ele se insere mais na continuidade da proposição de Maleval, que trata da transferência do autista com um assistente discreto[47] que pode acompanhá-lo em sua busca por soluções. O personagem auxiliar nos permitirá esclarecer sobre o que estamos falando. Deixemos Ron Suskind, sempre muito preciso clinicamente, nos guiar:

> Os heróis em muitas fábulas costumam ser planos, construídos com uma espécie de simplicidade sólida que permite aos leitores ou espectadores entrar no barco e seguir a jornada junto com eles. Os [personagens auxiliares] são com frequência mais variados e vívidos. [...] O espectro das emoções humanas complexas está abrigado junto aos escudeiros. [...] Owen tinha se tornado um aficionado. Mal conseguíamos acompanhar. Na caverna acarpetada do andar de baixo, ele parecia estar desenvolvendo um vocabulário próprio

---

[46] FRAYSSINET, M. "Dé-structuration de la schizophrénie, A-structuration de l'autisme". Tese em Psicologia apresentada junto à Universidade de Rennes 2, 2011, p. 32 *apud* MALEVAL, Jean-Claude. *La différence autistique*. Paris: PUV, 2021, p. 348-349.
[47] MALEVAL, Jean-Claude. *La différence autistique*. Paris: PUV, 2021, p. 350-353.

envolvendo os escudeiros, por meio do qual era capaz de organizar suas emoções.[48]

Assim, Owen oferece à sua mãe, no aniversário dela, um desenho da Mamãe Coruja, a coruja que adota Rox, a raposinha órfã, no desenho animado *O cão e a raposa*. Owen explica seu gesto: "Ela é a mais bondosa e a mais carinhosa de todas as escudeiras[49]". Para o aniversário de seu pai, fará um desenho de Merlin, acompanhado das palavras: "Você é o melhor pai que eu poderia ter. Obrigado por ser tão guiador [sic][50]".

Se esse comportamento pode ser observado em todas as crianças, a relação que Owen desenvolveu com os personagens auxiliares ultrapassa tal homenagem. Para ele, é uma necessidade se apoiar nos *sidekicks* e no que eles assinalam de modo a construir a matriz de suas relações. Nessa dinâmica, Owen rapidamente demonstra um talento bastante vivo para reproduzir os personagens auxiliares.

Ainda não entendemos muito bem a natureza da alegria de Owen quando, lápis em mão, ele copia durante horas, de maneira cada vez mais precisa, seus escudeiros [...]. Mas nós percebemos que, enquanto ele desenha, seu rosto reproduz a expressão que toma forma em seu caderno.[51]

---

[48] SUSKIND, Ron. *Vida animada. Uma história sobre autismo, heróis e amizade*. Trad. Ana Ban. Rio de Janeiro: Objetiva, 2017, 117-118. Tradução modificada.
[49] *Idem*, p. 118.
[50] *Idem, ibidem*.
[51] *Idem*, p. 155.

Ou outro exemplo, quando Owen desenha Sebastião, o personagem auxiliar de Ariel, a pequena sereia,

> Seu corpo todo se contorce e se agita — movendo-se o tanto quanto é possível quando se está ajoelhado, com o braço livre dobrado no ângulo da garra esquerda de Sebastião. Cinco minutos depois, quando ele chega ao rosto, ergo os olhos e vejo um reflexo do rosto de Owen, comigo atrás dele, na tela escura da TV, bem à nossa frente. A expressão no rosto do caranguejo do livro está replicada no rosto do meu filho na TV onde, é claro, assistimos à cena — de Sebastião observando Ariel perder a voz — tantas vezes. [...] Aquilo me apavora.[52]

Esse fenômeno de gozo que invade o corpo de Owen (o corpo tomado de tremores) é então vetorizado e contido pela captura quase perfeita desse horror indizível representado pela cena. Aqui, o personagem auxiliar se afeta — e Lacan nos recorda que o afeto é o que vem ao corpo —, permitindo a Owen circunscrever com uma imagem esse gozo invasivo. Não se trata do método do *Actor Studio*, em que o afeto a ser encenado deve ser reencontrado, mas de um achado sempre renovado. Todos os personagens assustados desenhados por Owen (é essencialmente esse o afeto representado, como observa seu pai)[53] *são instantâneos classificados em seus cadernos de desenhos, como as imagens organizadas por Temple Grandin.*

---

[52] *Idem*, p. 108.
[53] *Idem, ibidem.*

Observemos que os terapeutas foram aqueles que souberam se fazer personagem auxiliar da criança. Esse foi o caso de Owen, para quem o psicólogo Dan Griffin elaborou, a partir dos achados do jovem autista sustentados por seus pais, o que ele pertinentemente chamou de *Affinity therapy*: uma terapia que se apoia nas escolhas e invenções da criança, permitindo a ela bricolar uma relação com o mundo e os outros. Essa é a função de muitos pais que acompanham e sustentam seus filhos em seus achados intuitivos. A partir disso, propomos identificar a posição do psicanalista que intervém junto à criança autista como a de "fazer-se personagem auxiliar", o que se decomporia da seguinte forma: "personagem" remete etimologicamente a *persona*, cuja possível etimologia conectaria *per-* ("através", como em *per*-laboração) e *sonare* ("soar"). A *persona* era a máscara usada pelos atores na tragédia antiga e através da qual a voz soava. Associado ao "fazer-se", o personagem se conecta à dimensão do semblante. Encontramos aqui a possibilidade de um engajamento do analista sem nele manifestar uma intencionalidade no encontro com a criança. Além disso, a dimensão fixa da máscara nos conduz a uma das particularidades dos personagens auxiliares que tanto interessam ao jovem Owen: eles frequentemente têm comportamentos exacerbados, superencenados, e suas intervenções muitas vezes revelam a pantomima, isto é, um engajamento exagerado do corpo. Quanto ao "auxiliar", remete etimologicamente a *auxiliaris*, *auxilium*, "ajuda", a *augeo*, "crescer", "aumentar". Uma das definições é: que ajuda com sua participação, sem ser indispensável.

O personagem auxiliar é aquele que, por sua presença e seus atos, por vezes involuntários[54], vai orientar e sustentar o desenvolvimento da ação sem, contudo, dirigi-la. Fazendo-se personagem auxiliar junto ao autista, o analista não somente vai sustentar e colocar em circulação os achados e invenções da criança autista, mas também se apropriar das soluções sinthomáticas autísticas para fazer delas marcadores subjetivos, permitindo à criança transferir o saber elaborado no enquadre das sessões a outras cenas, sejam a escolar — como no caso de Baptiste[55] — ou a institucional, como veremos no próximo capítulo com Thomas[56]. Fazendo-se personagem auxiliar, o analista se revela, no final, no mesmo papel que Cornelia e Ron Suskind puderam exercer para Owen: aquele que, atento aos achados espontâneos elaborados pela criança, os faz entrar em ressonância (*per-sonare*) a fim de que a ajuda que traz (*auxilium*) possa se dissolver pouco a pouco numa solução estabilizada, permitindo ao autista se apresentar e se inscrever no mundo. Se falamos de personagem e de pantomima[57], é para notar a presença do corpo do analista que "se faz": ele joga, encena, superencena, seu engajamento no trabalho proposto. Ele opera uma *interpretação em corpo*.

---

[54] Esquecimentos, lapsos, atos falhos... tudo o que indica, na verdade, formações do inconsciente. Os personagens auxiliares preferidos das crianças frequentemente são aqueles que, por seus erros e trapalhadas, fazem avançar, a despeito deles, mas de forma decisiva, a ação e o herói.
[55] *Cf.* acima, p. 17-23.
[56] *Cf.* adiante, p. 91-100.
[57] A jornada do CERA (Centre d'Études et de Recherches sur l'Autisme), que ocorreu em 23 de março de 2024 em Issy-les-Moulineaux, com o título "Todos autistas", reflete isso. Os trabalhos clínicos destacaram essa dimensão da pantomima em muitos casos.

A intervenção analítica junto à criança autista: uma interpretação em corpo

A sequência de escolha das marionetes no acompanhamento de Baptiste é um exemplo paradigmático. O analista deixa a criança explorar o consultório e se destacar do grupo. Observando então o interesse da criança pelas marionetes, o analista integra esses objetos à proposta de trabalho, abrindo assim a possibilidade de um espaço que faça borda. Na mesma lógica, a sequência do gesto de Baptiste, qualificado pelos outros participantes como "câmera lenta", mostra como o fato de o clínico retomá-lo e articulá-lo a uma enunciação o harmoniza. "Harmonizar", aqui, deve ser entendido no sentido da ciência da composição musical e não no sentido corriqueiro de "acordar", "conciliar" ou "equilibrar". Trata-se aqui de sustentar uma melodia por acordes que lhe dão uma direção e/ou um sentido. Notemos que, para os outros participantes, esse gesto é interpretado a partir do sentido: "É que nem câmera lenta", exclama uma criança. Para Baptiste, a proposição do clínico é antes uma imaginarização de seu gesto, que o sustenta dando-lhe uma orientação. A câmera lenta é uma bizarrice, uma manifestação do gozo invasivo; ao capturar aí o que é mais singular — a lentidão —, o clínico o faz signo da singularidade de Baptiste. Encontramos nesse afinar-se de acordo com a criança, a posição do clínico: a de personagem auxiliar. Este, ao afinar-se de acordo com a criança que recebe, realiza um empenho de transformação para introduzir um elemento da bizarrice no campo do Outro. Trata-se de uma transposição no sentido que lhe dá a teoria musical: a transposição consiste em mudar a altura das notas, preservando os intervalos melódicos e harmônicos. Aplicando essa proposição ao gesto de Baptiste, podemos dizer que o clínico conserva precisamente a estrutura do gesto, mas o transpõe a um espaço onde ele não é mais desconectado do Outro. Na mesma lógica, quando o analista desenha o sulco criado pela aplicação do bloco de construção ao redor do furo feito por Tino, ele interpreta em corpo a criação possível de uma borda. Nesses exemplos, o gesto não é interpretado numa dinâmica de significação, mas no sentido que um dançarino ou ator o faria: engajando sua presença, dando uma orientação, não se atendo ao desvendamento de um sentido. A interpretação do ator ou do músico começa a partir de um material pré-existente (o texto ou a partitura), mas implica que lhe seja aplicada não uma tradução, mas uma leitura. Ou seja, o tratamento do comportamento da criança pelo clínico não visa sufocá-la pelas vias do sentido. Esse tratamento não adiciona, ele subtrai; não sobrecarrega, corta; não cobre nem recobre, mas escande e pontua. Trata-se, portanto, de uma interpretação em corpo característica da clínica do falasser. Encontramos aqui uma proposição de Lacan a respeito do trabalho do ator, na ocasião do seminário 6:

> [...] o ator empresta seus membros, sua presença, não simplesmente como uma marionete, mas com seu inconsciente bem real. [...] Se há bons e maus atores é na medida, creio eu, que o inconsciente de um ator é mais ou menos compatível com o empréstimo de sua marionete.[58]

---

[58] LACAN, Jacques. (1958-1959) *O seminário, livro 6: O desejo e sua interpretação*. Trad. Claudia Berliner. Rio de Janeiro: Zahar, 2016, p. 299.

Se aqui Lacan faz referência ao inconsciente como discurso do Outro, podemos retomar essa proposição levando em consideração o inconsciente real[59], no sentido em que ele falará em 1976. O analista personagem auxiliar interpreta emprestando sua marionete, isto é — essa é toda a arte das marionetes, como nos lembra Heinrich von Kleist[60] —, fora de qualquer psicologia e de toda intenção de significação. Ele "se faz". Para o autor de *Penstesiléia*, a graça das marionetes se manifesta imediatamente em um exterior milagroso. Seus membros, que "são mortos, puros pêndulos", em seus movimentos graciosos, obedecem apenas às forças externas da gravitação. As marionetes evoluem como que fora de si, e nisso reside sua graça.

Se, à luz dessa proposta, retomarmos a vinheta de Lydia exposta acima, podemos dizer que, quando o analista solta o suspiro, ele não está realmente desmoronando. Esse suspiro é encenado, superencenado. Encontramos aqui o "empréstimo da marionete" que Lacan havia indicado como característico do trabalho do ator e que destacamos como uma das condições que permitem a instalação de um contato com a criança autista. O analisa se faz personagem auxiliar desencorajado. Sua presença está engajada sem que implique, de sua parte, sua própria subjetividade. Trata-se de uma presença a serviço da singularidade do sujeito suposto à criança.

---

[59] LACAN, Jacques. (1976) "Prefácio à edição inglesa do *Seminário 11*". In: *Outros escritos*. Trad. Vera Ribeiro. Rio de Janeiro: Zahar, 2003, p. 567-569.
[60] KLEIST, Heinrich von. *Sobre o teatro de marionetes*. Trad. Pedro Süsskind. Rio de Janeiro: 7Letras, 2013. Cf. REGNAULT, François. "Qu'est-ce que le théâtre?". In: *Le Spectateur*. Paris, Beba, Nanterre/Amandiers, Théâtre National de Chaillot, 1986, p. 99-108.

O gesto do analista pode constituir uma interpretação em corpo, corpo falante, que modifica o ambiente. No caso de Baptiste, isso terá efeitos em sua forma de ser. As crianças começam todas a fazer "câmera lenta" e integram Baptiste em suas trocas. Baptiste, por sua vez, aceita essas interações. Vemos aqui como o ambiente potencial é uma atmosfera instalada e sustentada pelo clínico (*via* sua presença) que permite não apenas fazer nascer um Outro, mas, mais precisamente, um Outro temperado. Utilizamos aqui o termo "temperado" não no sentido comum de "suavizar", mas no sentido musical, como Bach pode utilizá-lo em sua obra *O cravo bem-temperado* (1722-1744). Aqui, "temperado" é entendido como "organizado", "regulado". Trata-se menos de manter um enquadre[61] do que uma atmosfera. A diferença nos parece importante. Se o enquadre nos remete a uma diferenciação interno-externo, enfatizando seu fechamento, a atmosfera é uma noção ao mesmo tempo mais difícil de definir, mas que todos experimentamos cotidianamente. As atmosferas são espaços tingidos pela presença das coisas, das pessoas. São esferas de presença de algo que marca a

---

[61] Muitos colegas insistiram na importância do enquadre no tratamento psicoterapêutico da criança autista. Assim, Loriane Ballahsen afirma que convém dar "uma atenção muito particular [...] à construção do enquadre psicoterapêutico. Com essas crianças, o desafio é principalmente o de poder manter o controle dos limites sem ser obrigado a um corpo a corpo incessante. Trata-se, por exemplo, de dispor de caixas, armários ou gavetas que se fecham com chaves. De colaborar com aqueles que utilizam o mesmo consultório para que a criança possa encontrar a sala em um estado semelhante no início de cada sessão, de dispor de uma caixa de brinquedos para cada criança, além de uma caixa de material comum a todos." BELLAHSEN, Loriane. "Un travail psychanalytique avec un enfant autiste", *Le Coq-héron*, n°229, 2017, p. 127-142.

realidade desta coisa no espaço. Recordemos que "o Outro é a atmosfera do sujeito[62]". Esses espaços não são espaços fechados com fronteiras definidas, diferentemente do enquadre, mas uma *Bestimmung* (mais uma vez encontramos a noção de *Stimmung*) que permite uma "destinação do homem", para retomar a expressão do filósofo Fichte[63]. O prefixo *Be-* em alemão permite tornar transitivo um verbo que inicialmente não era. Quando o verbo no início já é transitivo, o *Be-* reforça sem sentido. Assim, se *kommen* significa "vir", *bekommen* significa "receber", e se *leben* quer dizer "viver", *beleben* remete à ideia de "animar". *Bestimmen* significa "ter vocação para". Essa destinação do sujeito é o que a atmosfera sustenta, permitindo a harmonização das bizarrices. Com *Bestimmen*, reencontramos os personagens auxiliares caros a Owen, que permitem ao herói cumprir seu destino.

O último diálogo da obra de Ron Suskind, entre ele e seu filho, Owen, ilustra com tato essa dimensão.

"Sabe, elas [as gárgulas] não são iguais aos outros escudeiros."
Ele se adiantou a mim mais uma vez. Eu improviso.
"Não? Como assim?"
"Todos os escudeiros vivem dentro do filme como personagens, andam de um lado para o outro, fazem coisas. As gárgulas só vivem quando Quasímodo está sozinho com elas."

---

[62] DI CIACCIA, Antonio. "Le sujet et son Autre", *Préliminaire*, n°11, 1999, p. 97-102.
[63] FICHTE, Johann-Gottlieb. *La destination de l'homme*. Paris: Garnier Flammarion, 1995.

"E por que isso acontece?"

"Porque ele sopra vida nelas. Elas só vivem na imaginação."

"Certo, entendi. Mas, mesmo assim, elas são sábias e o orientam, igual aos outros escudeiros."

Ele assente. Eu também. Tudo fica quieto.

"O que isso significa, amigão?"

Ele aperta o lábio e sorri, com o queixo para a frente, como se tivesse sido encurralado em um jogo de xadrez. Mas talvez fosse o que quisesse desde o princípio.

"Significa que as respostas estão dentro dele", Owen responde.

"Então, por que Quasímodo precisava das gárgulas?"

"Ele precisava soprar vida nelas para falar consigo mesmo. Era o único jeito de descobrir quem era."

"Você conhece alguém assim?"

"Eu."[64]

Essa harmonização do clínico com a criança autista necessita da criação do que chamamos de bricolagem, que indica a invenção caso a caso, o que não poderia ser transformado em uma técnica em psicanálise. Essa harmonização da melodia do paciente autista no cerne do ambiente potencial só é válida para aquela análise com aquele paciente. Essa afinação (*Stimmung*), que visa estabelecer as coordenadas do encontro, permitiria introduzir a criança autista na questão do brincar. Com efeito, como disse Winnicott:

---

[64] SUSKIND, Ron. *Vida animada. Uma história sobre autismo, heróis e amizade*. Trad. Ana Ban. Rio de Janeiro: Objetiva, 2017, p. 336-337.

A psicoterapia trata de duas pessoas que brincam juntas. Em consequência, onde o brincar não é possível, o trabalho efetuado pelo terapeuta é dirigido então no sentido de trazer o paciente de um estado em que não é capaz de brincar para um estado em que o é.[65]

O conjunto de elementos clínicos que expusemos nos permitiu colocar em evidência que uma criança autista tem a necessidade de evoluir num espaço terapêutico particular para poder fazer evoluir as bizarrices que muito frequentemente a marcam. Nós qualificamos esse espaço de ambiente potencial, que definimos como as coordenadas do encontro estabelecias pelo clínico, criando a *Stimmung* a partir da qual a criança pode experimentar seus movimentos pulsionais. O posicionamento e as intervenções do analista permitirão que, nesse ambiente potencial, a criança possa não se representar — o que é próprio do espaço potencial —, mas se apresentar ao mundo. Com efeito, para o clínico se fazendo de personagem auxiliar, trata-se de fazer existir um Outro temperado. A partir disso, uma bizarrice — que poderia ser considerada comportamental — pode ser identificada e coloca em circulação, fazendo-a advir como signo singularizador. O que era bizarro, colocado em jogo e harmonizado, vira estilo.

---

[65] WINNICOTT, Donald W. (1971) "O brincar. Uma exposição teórica". In: *O brincar e a realidade*. Trad. Jayme Salomão. Rio de Janeiro: Imago, 1975, p. 59.

CAPÍTULO 3

Riscado, Arranhão, Assinatura

Modalidades de expressão da letra no autismo

Como desenvolvemos anteriormente, o trabalho clínico junto a pessoas autistas nos obriga a uma prática mais próxima do real. Evocar o último ensino de Lacan, portanto, é indispensável para orientar o trabalho levado a cabo com esses pacientes. Em "Lituraterra[1]", Lacan destaca a dimensão essencial da letra e sua função: fazer litoral.

---

[1] LACAN, Jacques. (1971) "Lituraterra". In: *Outros escritos*. Trad. Vera Ribeiro. Rio de Janeiro: Zahar, 2003, p. 15-28. *Cf.* também LACAN, Jacques. *O seminário, livro 23: O sinthoma*. Trad. Sérgio Laia. Rio de Janeiro, Zahar, 2007.

Esse aspecto é de nosso maior interesse, dada a relação da pessoa autista com a borda. A letra poderia ser utilizada como apoio, tornando-se demarcação. Regularmente, a clínica nos confronta com pessoas autistas que tem grandes dificuldades de se exprimir oralmente, mas que testemunham interesse por letras: identificá-las, sonorizá-las, desenhá-las e até utilizá-las. Esse interesse frequentemente constitui um primeiro acesso a símbolos complexos.

Tomemos o exemplo de Sam, 6 anos, autista não verbal. Em sessão, ele pega objetos, enfileira-os e provoca acidentes. E não deixa nenhum espaço para o outro e, quando tentamos intervir, ele ordena que nos sentemos, conduzindo-nos *manu militari* — ou seja, agarrando nossas roupas ou braço para nos dirigir — até nosso assento. Então, o analista decide, silenciosamente, desenhar numa folha os objetos escolhidos por Sam. Essa ação atrai seu olhar e abre uma nova sequência de trabalho: Sam coloca sobre a mesa os objetos que quer que o analista desenhe. Ao fio das sessões, ele aponta alguns detalhes do objeto para que o analista os inclua no desenho. Nesses detalhes, o que mais chama sua atenção são as letras escritas em alguns dos veículos. O analista soletra enquanto escreve: "S, O, S", "R, T, S". Sam repete de uma maneira bem peculiar, quase sem pausa entre as letras; em seguida, sua enunciação se torna cada vez mais articulada. Depois, é às palavras escritas nos veículos que ele se atenta: "P, O, L, Í, C, I, A, Polícia". As palavras vão surgindo, permitindo-lhe construir um começo de linguagem com que se comunicar. Aqui, a letra serve como ponto de partida para a fala.

Outros autistas vão utilizar as letras para escrever o que querem exprimir, tornando a comunicação possível dessa forma. Birger Sellin e seus escritos no computador são testemunho disso[2]. Mais recentemente, o livro de Naoki Higashida, autista não verbal, *O que me faz pular*[3] destacou a possibilidade de essa criança utilizar uma tabela alfabética. Esta é apresentada à criança que, ao apontar diferentes letras, "soletram" (é o termo utilizado) palavra ou até frases. A partir desse testemunho, um documentário que retoma o título do livro[4] levou à tela várias pessoas autistas não verbais que utilizam o mesmo método. A criança aponta as letras enquanto o adulto que a acompanha as pronuncia e, em seguida, reconstitui a frase. Aqui, a letra é um apoio para a fala, que se recusa a ceder à voz.

As letras constituem, portanto, a possibilidade de ancoragem para uma fala, às vezes sonorizada[5], às vezes escrita. Esse interesse nos levará ao conceito de letra, tal como foi definido por Lacan, que ultrapassa em muito sua dimensão alfabética. Vamos explorar os valores que a clínica do autismo nos indica: nela, a letra se revela como marca e como demarcação. Essas duas dimensões são concomitantes: apoiar-se na letra é uma maneira de inscrever uma marca que, então, fará borda com o campo do Outro.

---

[2] SELLIN, Birger. *Une âme prisonnière*. Paris: Robert Laffont, 1994 e *La solitude du déserteur*. Paris: Robert Laffont, 1998.
[3] HIGASHIDA, Naoki. *O que me faz pular*. Trad. Rogério Durst. Rio de Janeiro: Intrínseca, 2014.
[4] *O que me faz pular*, documentário dirigido por Jerry Rothwell, 2021.
[5] Remetemos o leitor à diferença que estabelecemos, na ocasião de nosso primeiro volume, entre voz oralizada e voz sonorizada. ORRADO, Isabelle; VIVES, Jean-Michel. *Autismo e mediação. Bricolar uma solução para cada um*. Trad. Paulo Sérgio de Souza Jr. São Paulo: Aller Editora, 2022, p. 83-120.

Para abordar essa dimensão, precisamos conceber a clínica do falasser, que se substitui àquela do sujeito, com um desafio fundamental: cernir o movimento que se cria quando do encontro da linguagem com o corpo, ali onde a letra se precipita. A letra se precipita como marca, levando uns a um uso metafórico da linguagem e outros a uma relação ao pé da letra. A letra é marca indelével do gozo que irá habitar a relação de cada um com a fala. No autismo, esse encontro tem o valor de um rasgo, o que deixa o falasser à mercê do zumbido do real, numa relação insuportável com a língua onde o S do sujeito — que não se deixou dividir — só pode ressoar como um "É-se?"[6], interrogação primordial sobre o próprio ser. Como vimos nas exposições clínicas acima, e particularmente no caso de Tino, a constituição de uma borda é essencial para que o campo do Outro possa se desenhar. Essa construção indica a dimensão litoral da letra, o que nos permite ir mais longe. É produzindo a letra que o sujeito autista poderá, sozinho ou acompanhado, fazer um trabalho que a coloque em circulação. Isso é o que nos ensina o caso de Thomas, um jovem autista de 9 anos.

---

[6] Nota do tradutor: no original, os autores utilizam a forma interrogativa "*Est-ce?*" que pode ser vertida ao português como "será?" Essa, aliás, foi a solução adotada tanto por Paulo Sérgio de Souza Jr. no primeiro volume, *Autismo e mediação. Bricolar uma solução para cada um*, quanto por Vera Ribeiro nos *Escritos* (LACAN, Jacques. "Observação sobre o relatório de Daniel Lagache". In: *Escritos*. Rio de Janeiro: Jorge Zahar Ed., 1998, p. 689). Aqui, porém, propomos a ênclise "é-se?", um pouco arcaica, mas que conjuga 1) o verbo "ser" (na terceira pessoa do singular do presente do indicativo), 2) o pronome "se" (que exprime o caráter a um tempo impessoal, reflexivo e apassivado) e 3) a homofonia com a letra "S", matema lacaniano do Sujeito.

Thomas, o filófono[7]

Como se via regularmente, até constantemente, à mercê de uma forte agitação expressa por gritos, idas e vindas incessantes e ataques ao ambiente ao redor, esse garoto encontrou muito cedo, espontaneamente, a utilização específica de certas experiências sonoras, um efeito apaziguador que poderíamos considerar terapêutico, no sentido etimológico de "cuidar", embora seu sofrimento não tenha sido realmente tratado. Assim, Thomas podia, quando alguém tocava piano, pressionar seu corpo contra a parte de trás do instrumento para sentir as vibrações, ou se encostar nos alto-falantes quando tocavam música. Essas situações permitiam calar os gritos que Thomas emitia durante todo o dia.

Se ao longo dos primeiros meses de sua vida Thomas foi uma criança tranquila, muitas tentativas de escolarização aos 3 anos se mostraram impossíveis, escancarando suas dificuldades: o menino manifestava problemas graves de comportamento sempre que estava numa sala com outras crianças. Ele não suporta as demandas que lhe são feitas e tenta escapar do barulho dos colegas posicionando as mãos sobre as orelhas e soltando longos gritos. Um tratamento numa clínica especializada se tornou urgente.

Nesse período de seu desenvolvimento, Thomas não falava, mas podia se comunicar pegando a mão de seus pais

---

[7] Construímos esse neologismo a partir da palavra "misófono", que remete a uma aversão intensa e irracional por sons ou ruídos específicos. Esses pacientes frequentemente evocam sintomas como uma ansiedade grande, irritabilidade ou ainda um certo desprazer com certos sons. O "filófono" seria aquele que desenvolve uma apetência ou um tropismo acentuado pelo mundo sonoro.

ou dos adultos por perto para indicar o objeto que deseja pegar ou o lugar até onde quer ir. Para ele, o adulto é menos um interlocutor do que um utensílio que lhe permite se assenhorar do ambiente. Seus pais relatam que, com bastante frequência, uma forma de violência se apoderava de seu filho. Nesses momentos, Thomas quebra os objetos a seu redor, grita, arranha e morde as pessoas que se aproximam para tentar acalmá-lo. Esse comportamento torna impossível sua inserção em um grupo e leva a sua sucessiva exclusão das instituições que o acolhiam. Quando ele chega à instituição onde intervimos, seu comportamento rapidamente se torna o centro das preocupações da equipe que cuida dele: ele quebra objetos diariamente, bate na equipe e nos outros pacientes, puxa o cabelo deles e os arranha. Thomas parece estar muito angustiado e solta longos gritos agudos enquanto vagueia pelos corredores e salas da instituição. Seu único alívio durante esses momentos extremamente difíceis para todos está em ouvir música. Thomas então suspende sua agitação e seus gritos e se aproxima da fonte que produz o som até colar seu corpo nela. Aqui, parece que Thomas está experimentando seu próprio involucro corporal. Nossa hipótese é de que as vibrações sonoras emitidas pelos alto-falantes massageiam seu corpo, proporcionando-lhe uma sensação de contenção, permitindo que Thomas sinta um corpo momentaneamente envolvido e apaziguado. Estaríamos aqui no nível do que Didier Anzieu identificou com o termo "Eu-pele[8]". Essa massagem sonora permite experimentar os

---

[8] ANZIEU, Didier. *O Eu-pele*. São Paulo: Casa do Psicólogo, 2018.

limites do corpo. Essa situação nos permite propor uma primeira diferenciação entre o que diz respeito à contenção e o que diz respeito à ex-sistência[9]. A contenção, que remete à ideia de envelope[10][11], seria aquilo que a vibração dos limites do corpo permite, por meio da experiência de massagem sonora, proporcionando, no mínimo, uma estabilização momentânea desses limites. A experiência clínica que vamos descrever mostra que é possível vislumbrar algo além desse apaziguamento. De fato, o trabalho feito a partir das produções sonoras desenvolvidas por Thomas no curso de seu tratamento o levaram a experimentar, para além dos limites de seu envelope corporal, os limites do domínio do Outro em um envolvimento subjetivo certeiro.

A utilização do som, e depois da música, nos mostrará que é possível pensar em algo além da contenção, que escolhemos chamar de ex-sistência e que estaria relacionada à ressonância do falasser. Não se trata mais apenas de apaziguar Thomas usando e abusando dessa técnica de vibração do corpo,

---

[9] Retomamos aqui a grafia que pode ser encontrada em Lacan, na ocasião do Seminário 23 sobre *O sinthoma*, por exemplo. Lacan inscreve a si próprio num diálogo com Heidegger, que propôs o neologismo *ek-sistence*. Heidegger se inspira na palavra grega *ek-stasis* (êxtase). A ideia é que, no estado de êxtase, fica-se "fora de si", fora da estase (imobilidade). Heidegger propõe que a própria existência tem uma estrutura *ek-stática*: na medida em que existir é estar projetado temporalmente no tempo, daí a *ek-sistência*. A existência não é algo que reside num puro estado de "agora", mas é sempre orientado ao porvir e para as possibilidades que ele apresenta. A partir isso, a existência não é algo estático, mas dinâmico, pois está desde o início ligada a um sentimento de movimento.
[10] ANZIEU, Didier (org.) *Les envelopes psychiques*. Paris: Dunod, 1996.
[11] Nota do tradutor: uma tradução menos literal de *enveloppe* seria "invólucro". Nesse caso, porém, perderíamos o jogo metonímico presente no francês entre continente e conteúdo — entre *enveloppe*, o "envelope", e *lettre*, que é "letra", mas também "carta".

mas de permitir uma *experimentação de sua posição de sujeito*. Distorcemos aqui a fórmula de Lacan "melhorar a posição do sujeito[12]" para descrever o percurso feito por Thomas a partir do reconhecimento de seu interesse pelo ambiente sonoro: o receptor invadido pelo caos do real e do corpo passivamente massageado pelas vibrações sonoras, Thomas passou, pouco a pouco, a ser autor de uma enunciação sonora.

Até então, Thomas nunca havia se beneficiado de um acompanhamento psicoterapêutico de longo prazo: sua agitação e violência resultava sistematicamente em fracasso, assim como sua errância institucional, que ainda não havia permitido a instauração de um vínculo estável que pudesse sustentá-lo. Diante de seu interesse exclusivo pela música e das crescentes dificuldades da equipe de cuidados, tentamos um tratamento baseado no som, elemento pelo qual Thomas manifestava uma afinidade particular[13].

Assim, escolhemos nos encontrar com Thomas, sozinho, durante mais de dois anos, com sessões de três a quatro vezes por semana, variando de quinze minutos no início do acompanhamento até quarenta e cinco minutos após alguns meses. Em uma sala reservada para esse fim, havia um *instrumentarium* composto de pequenas percussões rítmicas

---

[12] LACAN, Jacques. (1962-1963) *O Seminário, livro 10: A angústia*. Trad. Vera Ribeiro. Rio de Janeiro: Zahar, 2005, p. 67. Nota do tradutor: modificamos a versão de Vera Ribeiro, em que *position* foi traduzida por "situação".

[13] Em nosso primeiro volume, insistimos na importância de tomar apoio na escolha feita pela criança autista na condução do tratamento. Retomamos essa questão aqui. ORRADO, Isabelle; VIVES, Jean-Michel. *Autismo e mediação. Bricolar uma solução para cada um*. Trad. Paulo Sérgio de Souza Jr. São Paulo: Aller Editora, 2022, p. 51-68.

(maracas, pandeiro, tambor basco, claves...) e melódicas (metalofone, lâminas sonoras).

Nos primeiros meses, Thomas adotava uma atitude mais passiva: ele poderia encontrar refúgio sob um grande cobertor na qual se envolvia, de onde às vezes emergia, como um pseudópode, uma mão que se estendia até nós e desaparecia assim que nos tocava, ou se encolhia em um canto da sala e se balançava. De qualquer forma, ele não demonstrava interesse particular pelos sons que produzíamos, pelos ritmos e melodias que improvisávamos. Quando tentávamos interagir de maneira mais direta, ele pegava os instrumentos e os jogava em nossa direção ou tentava arrancar nossos óculos. Nesse momento do acompanhamento, o instrumento era usado por Thomas como uma barreira entre ele e nós, atrás da qual ele se protegia de nossa intenção insuportável para com ele. Sabemos que os autistas têm enormes dificuldades em suportar as demandas que lhes são endereçadas de maneira excessivamente direta. Elas fazem surgir "o peso real do sujeito[14]" em qualquer ato de enunciação endereçado a eles. Decidimos, então, produzir sons sem solicitá-lo, maneira de nos desfazermos de qualquer intenção em relação a ele, ao mesmo tempo em que supomos um sujeito que possa advir. A partir disso, Thomas começou, aos poucos, a prestar atenção ao que fazíamos, voltando-se para nós, lançando olhares furtivos em nossa direção, de dentro da proteção da coberta em que estava envolvido, e, às vezes, chegando a nos solicitar

---

[14] "Comumente, o sujeito produz a voz. Digo mais, a função da voz sempre faz intervir no discurso o peso do sujeito, seu peso real". LACAN, Jacques. *O seminário, livro 6: O desejo e sua interpretação*. Trad. Claudia Berliner. Rio de Janeiro: Zahar, 2016, p. 415.

que repetíssemos os sons. A partir desse momento, Thomas se aventurou a entrar em contato com os instrumentos, não diretamente, mas usando-nos como mediadores. Ele pegava nosso braço e o direcionava para os instrumentos através de nossa mão. Aqui surge um ponto importante: onde pensávamos que a produção musical poderia fazer a mediação entre Thomas e nós, ficou claro que Thomas usava o analista — e, mais especificamente, sua mão — para mediar sua relação com o som. Nossa mão foi a ferramenta que Thomas, como um marionetista, criou para ir ao encontro dos instrumentos. Esse comportamento testemunha a maneira como Thomas encontrou em nós um ponto de apoio que lhe permitiu entrar em contato com o que o rodeia. Pelo intermédio de nossa mão, ele batia forte e em seguida a pressionava contra a pele das percussões, impedindo que os instrumentos ressoassem. O som produzido ela curto e abafado. O convite feito pelo analista a partir de sua produção musical, que combinava ausência de *intenções dirigidas* e *suspensão do endereçamento*, permitiu que a música se tornasse um chamado. Um chamado que não esperava qualquer resposta, mas que a supunha possível[15]. Podemos inscrever esse chamado musical na série de "convites" que já encontramos anteriormente: o suspiro compartilhado com Lydia, a repetição do gesto "bizarro" de Baptiste e os furos cavados pelo analista em eco aos feitos por Tino. O suspiro evoca uma possível alteridade e aceita responder a ele. A repetição do gesto de Baptiste e de

---

[15] Alain Didier-Weill qualificou muito bem de "invocação" esse tipo de chamado. Cf. DIDIER-WEILL, Alain. *Invocações: Dioníso, Moises, São Paulo e Freud.* Trad. Dulce Duque Estada. Rio de Janeiro: Cia de Freud, 1999.

Tino também funciona como invocação. De fato, a interpretação, sempre no sentido coreográfico do termo, faz da marca de cada um deles um signo que indexa sua singularidade e se constitui em um chamado que supõe uma alteridade ainda não advinda. Não há expectativa, nem revelação de sentido no ato do analista, mas uma invocação em que, para além do quadro autístico, um sujeito é suposto.

Durante essa primeira sequência, Thomas se recusa a pegar os instrumentos ou tocá-los diretamente: ele se desloca pelo consultório, deambulando e às vezes balançando-se no ritmo de nossas improvisações, ou se aproxima de nós, encosta suas costas contra nosso peito e explora os instrumentos manipulando nossos antebraços. O que surge de novo é: enquanto ele ainda recusa as propostas terapêuticas (de grupo ou individuais) que lhe são feitas, Thomas investe fortemente em nossos encontros, solicitando-nos quando nos vê para que nos dirijamos à sala onde ocorrem nossas sessões, e demonstra cada vez mais seu desagrado quando indicamos que a sessão acabou. Paralelamente, na instituição, ocorre um apaziguamento: Thomas ataca menos seu ambiente e passa menos tempo colado aos alto-falantes do aparelho que toca música. No entanto, os gritos agudos que ele emite ao longo do dia perduram, embora comecem a diminuir primeiro durante as sessões e, mais tarde, no final do acompanhamento, em outras atividades cotidianas.

Foi apenas ao final do primeiro ano que Thomas começou a participar gradualmente da produção musical, sempre segurando nossa mão para produzir sons muito breves com os instrumentos de percussão (pandeiro, maracas...). Num primeiro momento, ele recusou utilizar os instrumentos melódicos (metalofone, lâminas sonoras...): a ressonância deles parecia insuportável para Thomas. No entanto, sua experimentação tornou-se mais precisa e, mesmo que, como já dissemos, ele desenvolva uma maneira muito particular de usar os instrumentos, surge a busca de timbres e sons novos. Ainda que continue batendo nos instrumentos com força, usando nossa mão como baqueta, tomando essa parte de nosso corpo para produzir sons, a dimensão experimentação da abordagem de Thomas é inegável. Ele é capaz de posicionar a mão do analista mais longe ou mais perto do instrumento antes de impulsionar o movimento, obtendo sons diferentes. Ao utilizar a ferramenta "mão" do analista para bater no instrumento, Thomas produz um ato: ele opera uma primeira descontinuidade no que parece ser seu caos sonoro, o que inferimos a partir dos gritos incessantes com os quais ele inundava a instituição.

Ele, então, introduz uma primeira forma de descontinuidade: o som breve que produz cria um ritmo no qual uma sucessão de sons se articula com silêncios. Em paralelo à aparição dessas produções, notamos que os gritos se atenuam. Tudo se passa como se a produção desses sons breves e abafados, separados às vezes por longos silêncios, permitisse uma pré-figuração do descontínuo ali onde o grito só havia apresentado o contínuo. Com efeito, o que se opõe à fala não é o silêncio, mas o *continuum* do grito[16]. Nessa torção entre o

---

[16] Cf. POIZAT, Michel. *L'opéra ou le cri de l'ange. Essai sur la jouissance de l'amateur d'opéra*. Paris: A.M. Métailié, 1986; DIDIER-WEILL, Alain. *Un mystère plus lointain que l'inconscient*. Paris: Aubier, 2010; e VIVES, Jean-Michel. *A voz no divã. Uma leitura psicanalítica sobre a ópera, música sacra e eletrônica*. Trad. Mario Sagayama. São Paulo: Aller, 2020.

grito contínuo e sua extinção — pré-figuração de uma descontinuidade que é promessa de articulação linguageira —, sela-se o surgimento de um arranhão [*griffure*] do real pela associação dos sons produzidos. A imisção da descontinuidade no real pleno, através dessa presença/ausência sonora, coloca em continuidade o real rebelde ao simbólico e o simbólico que faz furo no real. Aparece então um "vazio médio[17]" que, instaurando um espaço intermediário entre o furo do simbólico no real e o furo do real no simbólico, não cria uma continuidade moebiana entre eles, mas sim uma combinação, estabelecendo um ponto de báscula no tratamento.

No final do segundo ano, Thomas começou a usar os instrumentos melódicos: em um primeiro momento, ele os fazia soar a partir de nossa mão — o que abafava toda a ressonância — e depois passou a usar uma baqueta, permitindo que o som se desenvolvesse. Thomas se solta do corpo do analista para intervir diretamente nos instrumentos. A experimentação de uma ressonância não passava mais pela atenuação provocada pelo corpo de um outro, neste caso, o do analista. Um segundo momento de báscula ocorreu mais tarde. Enquanto improvisávamos uma melodia de duas notas com lâminas sonoras — instrumento de percussão que oferece um fenômeno de ressonância muito marcado e cujo som se prolonga se não for interrompido —, Thomas esboça pela primeira vez uma melodia vocal de duas notas em torno dos sons "O" e "A"[18], constitutivos de seu nome. Assistimos, então, ao início

---

[17] CHENG, François. *Vide et plein. Le langage picturial chinois.* Paris: Seuil, 1991, p. 47.
[18] A oposição "O/A" encontrada aqui deve ser diferenciada daquela observada por Freud no jogo de seu neto. Se a vocalização estudada pelo pai da

de um embrião de fala que arrancou Thomas do mundo pleno e gritante do gozo. A produção de uma combinação sonora foi, para Thomas, um suporte no qual ele se apoiou para esboçar um ato de fala: a aparição de dois fonemas ali onde, até então, só havia gritos. Se até aquele momento Thomas mantinha-se distante dos efeitos de ressonância provocados por um engajamento subjetivo da voz[19], aqui ele pôde tomar apoio e posse desse ponto de gozo limitado proposto pela música de modo a produzir um enunciado.

A combinação sonora "O/A" que aparece aqui não é uma oposição fonêmica, nem mesmo um batimento significante, mas sim a confrontação de dois elementos fixados entre si pela necessidade de realizar um ordenamento. Arriscamos a ideia de que "O" e "A" não são significantes, no sentido de que representariam Thomas para o conjunto dos outros significantes possíveis, mas antes uma vocalização pela qual Thomas se apresenta a nós e assinala sua presença no mundo.

Riscado, arranhão e assinatura: do autista iterador ao autista literator

Voltemos aos primeiros momentos do tratamento de Thomas. Diante de nossas solicitações, o garoto se posicionava na

---

psicanálise acenava para o tratamento da perda do objeto em sua relação com a linguagem, no caso de Thomas, trata-se de um "grifo" [*griffe*]. Ou seja, trata-se de uma inscrição subjetiva que manifesta claramente uma presença ao outro e ao mundo, sem que por isso o acesso ao simbólico seja plenamente efetivo.

[19] Nossa hipótese aqui é que sua aproximação extrema dos alto-falantes não visava colocar seu corpo em ressonância, mas experimentar, a partir da vibração, o envelope do corpo. Sua relação era mais de massagem do que colocação em ressonância.

defensiva. Os instrumentos presentes na sala eram utilizados então como objetos que Thomas interpunha entre ele e nós, atirando-os em nossa direção. Esses comportamentos ecoavam o que era observado no quadro mais amplo da instituição. Thomas batia, puxava o cabelo, arranhava ou gritava. Esses gestos, que podemos qualificar como violentos, eram direcionados àqueles que se aproximavam rápido demais dele. Essas manifestações são o que chamamos — com Éric Laurent — de riscado [*rayure*]. Acerca desse tipo de comportamento, Laurent nos convida a lê-lo como um signo que é letra, não uma mensagem endereçada ao Outro. Ele acrescenta: "esse signo revela o trauma sobre o corpo[20]". Esses gestam demonstram a precipitação do autista em relação à dimensão da letra, evidenciando a recusa que o autista dirige ao Outro. Assim, com seu comportamento, Thomas não busca dizer algo. Tampouco se trata da instauração de um dique que diferencie o interior do exterior. Seus gestos testemunham sua relação com a língua.

> O autista lida com um Outro profundamente presente e ameaçador e, por isso, seu modo de relação com a letra o leva a livrar-se dele pelo riscado incessante.[21]

O termo "riscado" nos interessa particularmente aqui, pois ele se inscreve para nós no *continuum* que propomos identificar como específico do autista: riscado – arranhão — assinatura como modos diferentes de relação com a letra.

---

[20] LAURENT, Éric. *A batalha do autismo. Da clínica à política*. Trad. Vera Ribeiro. Rio de Janeiro: Zahar, p. 128.
[21] *Idem*, p. 122-123.

O conceito de letra passou por uma grande evolução no ensino de Lacan, que vamos recapitular brevemente agora. Para tanto, precisamos distinguir dois momentos essenciais de sua obra. O primeiro é o de "A carta roubada[22]", complementado por "A instância da letra no inconsciente ou a razão desde Freud[23]" e, cerca de 15 anos mais tarde, "Lituraterra[24]", que propõe dela uma nova compreensão.

No primeiro texto, retomando a novela de Edgar Allan Poe, *A carta roubada*, Lacan destaca a função lógica da letra--carta[25]: ainda que ela siga um percurso que parece submetido ao acaso, não é nada disso. Ele é uma letra-carta endereçada que *sempre* chega a seu destino. "Roubada" deve ser entendida como estando em espera de ser revelada. É seguindo essa linha de pensamento que, dois anos depois, em "A instância da letra no inconsciente...", Lacan precisa que a letra inevitavelmente produz "seus efeitos de verdade no homem[26]". A instância da letra está, assim, ligada ao inconsciente e reduzida ao significante da verdade recalcada. Ela é o testemunho de *l'une-bévue*[27], da rateada — a letra

---

[22] LACAN, Jacques. (1955) O seminário sobre 'A carta roubada". In: *Escritos*. Trad. Vera Ribeiro. Rio de Janeiro: Jorge Zahar Editor, 1998, p. 13-66.
[23] LACAN, Jacques. (1957) "A instância da letra no inconsciente ou a razão desde Freud". *Idem*, p. 496-533.
[24] LACAN, Jacques. (1971) "Lituraterra". In: *Outros escritos*. Trad. Vera Ribeiro. Rio de Janeiro: Zahar, 2003, p. 15-28.
[25] Nota do tradutor: em francês, *lettre* é "letra", mas também "carta", homônimos perfeitos amplamente explorados por Lacan.
[26] LACAN, Jacques. (1957) "A instância da letra no inconsciente ou a razão desde Freud". In: *Escritos*. Trad. Vera Ribeiro. Rio de Janeiro: Jorge Zahar Editor, 1998, p. 513.
[27] Fazemos referência aqui à "tradução" proposta por Lacan para o termo alemão *Unbewusst* ("inconsciente"), encontrado no título do Seminário 24, *L'insu que sait de l'une-bévue s'aile à mourre* (1976-1977), inédito.

só é identificável por seus efeitos — e da sobredeterminação — ela sempre chega a seu destino — que são próprios do funcionamento inconsciente.

Com "Lituraterra", assistimos a um salto conceitual: a letra se faz escritura de gozo e se distingue então radicalmente do significante. Se o significante é o que representa o sujeito para um outro significante, a letra se torna aqui um verdadeiro "litoral[28]" que desenha a "borda do furo no saber[29]". Baseando-se na caligrafia, Lacan especifica que a letra é "rasura [*rature*] de traço algum que seja anterior[30]". Essa afirmação é, como acontece com frequência em Lacan, contraintuitiva, até mesmo enigmática. A rasura, na linguagem corrente, remete a um movimento que visa riscar algo já inscrito. Aliás, é isso que aparece na etimologia do tempo: o antigo verbo francês *rater*, "rasurar", significava "apagar" no século XIV. *Rater* é um derivado do latim *raptus*, "rapto". Aqui temos o nível da letra em seus vínculos com o inconsciente e suas formações que procedem do apagamento[31]. A proposição de Lacan "rasura de traço algum que seja anterior" parece ir ao encontro dessa compreensão da letra. Como podemos entendê-la? A rasura, para Lacan, não seria o apagamento, mas uma erupção que vem traçar a *Bejahung* originária. Bernard This e Pierre Thèves em 1982, em seu *Traduction et commentaire du texte de Freud "Die*

---

[28] LACAN, Jacques.(1971) "Lituraterra". In: *Outros escritos*. Trad. Vera Ribeiro. Rio de Janeiro: Zahar, 2003, p. 18.
[29] *Idem*, p. 18.
[30] *Idem*, p. 21.
[31] Em "A instância da letra", Lacan se baseia nos desenvolvimentos de Freud sobre o sonho para destacar a letra que, então, é "suporte material".

Verneinung", *"La dénégation"* (1925), propõem compreender assim as coisas:

> *Bejahen* é responder afirmativamente, é dizer "sim" (*ja*) a uma afirmação anterior emitida pelo outro. Ele fala e eu digo sim, logo confirmo [...] *Affirmer*, em francês, é etimologicamente tornar sólido (*firmus*), enquanto *infirmer* é "tornar infirme".[32]

"Afirmar" é tornar algo consistente, "firme", do qual a rasura seria o testemunho.

Por ocasião de "Lituraterra", Lacan nos oferece uma abordagem da letra que nos permite precisar o que da letra funciona na clínica do autismo:

> Não é a letra... litoral, mais propriamente, ou seja, figurando que um [domínio] inteiro serve de fronteira para o outro, por serem eles estrangeiros, a ponto de não serem recíprocos?[33]

O que isso quer dizer? Os diferentes modos de relação com a letra (riscado, arranhão, assinatura) seriam três maneiras que o autista utiliza para que por "inteiro sirva de fronteira para o outro".

A partir daí, o material clínico extraído da interação com Thomas nos permite, com base nessas dimensões da letra, colocar em lógica o percurso de um Um sozinho até uma

---

[32] THÈVES, Pierre; THIS, Bernard. *Die Verneinung. La Dénégation, Traduction nouvelle et commentaires*. Paris: Le Coq-Héron, 1982, p. 41. Tradução livre.
[33] LACAN, Jacques. (1971) "Lituraterra". In: *Outros escritos*. Trad. Vera Ribeiro. Rio de Janeiro: Zahar, 2003, p. 18, tradução modificada.

possível apresentação ao domínio do Outro. De fato, podemos notar que esse garoto se mostrou defensivo em um movimento de recusa (riscado), mas, atraído pela música produzida pelo analista, transformando esse espaço em um ambiente potencial, ele se tornou experimentador (arranhão) e, por fim, autor de uma produção singular que o apresentasse ao mundo (assinatura).

Podemos, de fato, distinguir três tempos no percurso de Thomas. Aquele em que ele está em recusa do Outro, tempo durante o qual oscila entre retirada e riscado do Outro, caso ele se faça presente demais; em seguida, um tempo durante o qual ele se apoia nas diferentes propostas sonoras feitas pelo analista para experimentar uma presença através das produções sonoras, o que chamamos de "arranhão"; enfim, em um terceiro tempo, Thomas emite uma combinação vocal "O/A" que o apresenta ao mundo, uma assinatura. Riscado, arranhão e assinatura refletem diferentes modos de relação com a letra.

Passagem do riscado ao arranhão

Propusemos considerar os gestos de Thomas (bater, arranhar, puxar o cabelo...) como um signo pertencente ao registro da letra. A relação do autista com a letra o conduz a operar um "riscado incessante[34]" para se livrar do Outro, que não cessa de invadi-lo. Se na neurose a operação de divisão "faz do

---

[34] LAURENT, Éric. *A batalha do autismo. Da clínica à política.* Trad. Vera Ribeiro. Rio de Janeiro: Zahar, p. 122-123.

Outro um lugar esvaziado de gozo e exilado do real",[35] percebemos que, no autismo, o Outro permanece colonizado pela Coisa; aqui não há "círculo queimado na mata das pulsões[36]". As consequências clínicas são facilmente detectáveis: em Thomas, o Outro se apresenta sob a forma do "buraco negro" aspirador, como o definimos anteriormente[37], e que testemunha a foraclusão do furo. É essa separação impossível do Outro e da Coisa que leva o autista a produzir uma trincheira entre ele e o Outro. A partir disso, podemos considerar como o estatuto "comum" da letra no autismo é o riscado. Ele se manifestaria como uma iteração de gozo, o disco riscado que fica preso numa ranhura nos oferece uma ilustração clara disso.

Se continuamos a seguir a proposição de Éric Laurent, a letra pode pertencer a diferentes registros que devemos saber captar segundo as afinidades da criança: "como escrita, como número, como fixação da fala, como imagem descontínua, como música[38]". É muito interessante que o autor tenha incluído nessa lista a música, que foi inicialmente o pretexto e, em seguida, o instrumento de nossas interações com Thomas, permitindo-lhe superar o ponto de impasse iterativo no qual estava fixado até então.

---

[35] RABINOVITCH, Solal. *A foraclusão. Presos o lado de fora.* Trad. Lucy Magalhães. Rio de Janeiro: Jorge Zahar Editor, 2001, p. 31.
[36] LACAN, Jacques. (1960) "Observações sobre o relatório de Daniel Lagache". In: *Escritos*. Trad. Vera Ribeiro. Rio de Janeiro: Jorge Zahar Editor, 1998, p. 673.
[37] Ver acima, p. 59.
[38] LAURENT, Éric. *A batalha do autismo. Da clínica à política.* Trad. Vera Ribeiro. Rio de Janeiro: Zahar, p. 123.

A posição do clínico — e, portanto, a consideração das modalidades transferenciais no autismo, que desenvolvemos no capítulo anterior — foi, sem dúvida, um elemento chave no tratamento. Percebendo que sua presença era vivida por Thomas como *demais*, o clínico decidiu se voltar para os instrumentos para jogar com eles, liberando assim a criança de um confronto direto que lhe era insuportável. Com esse ato, ele se desvencilha de toda vontade dirigida a Thomas, ao mesmo tempo que propõe um endereçamento que permanece em suspenso, supondo que Thomas possa *experimentar uma posição de sujeito*. É aqui que o arranhão poderá aparecer.

Vamos, num primeiro momento, examinar em que consiste a especificidade do arranhão na experimentação feita pelo autista. Observamos, no caso de Thomas, que nos primeiros meses do tratamento, ele adotou uma postura de retraimento: encontrava refúgio sob um grande cobertor no qual se envolvia, e do qual, às vezes, emergia, como um pseudópode, uma mão que se dirigia ao analista e desaparecia assim que o tocava. Começaremos diferenciando essa forma de entrar em contato com o ambiente, que consideramos uma palpação, do que chamaremos de "arranhar".

Palpar não é arranhar

As pessoas autistas relatam, de maneira quase sistemática, sua extrema sensibilidade ao ambiente. Estímulos visuais ou auditivos chegam até elas de forma invasiva, como se nenhum sistema de "paraexcitação" os tratasse. A expressão "paraexcitação" nos vem de uma proposição freudiana que se baseia no "organismo vivo, em sua simplificação máxima possível, como uma vesícula indiferenciada de substância estimulável[39]'" para analisar o funcionamento que ele adota frente aos estímulos exteriores. Ele observa que a camada superficial do organismo vai se endurecer até formar

> [...] um córtex que estaria por fim tão impactado pelo efeito dos estímulos que ofereceria as condições mais favoráveis para a recepção de estímulos e não seria mais capaz de qualquer modificação posterior.[40]

Esse córtex exterior ocupa então duas funções: proteger o interior e transmitir os estímulos após filtrá-los, ou seja, estímulos atenuados. Freud considera que se trata de provar "em pequenas quantidades[41]'" amostras do mundo exterior. Em organismos mais evoluídos, o fundador da psicanálise especifica que órgãos sensoriais estão presentes sob a camada de paraexcitação. A característica desses órgãos

> [...] é elaborar apenas quantidades mínimas de estímulo externo, ocupar-se apenas com coletar amostras do mundo externo; talvez possamos compará-lo com [palpos][42] que perscrutam o mundo exterior e novamente deles se retiram.[43]

---

[39] FREUD, Sigmund. (1920) *Além do princípio de prazer*. Trad. Maria Rita Salzano Moraes. Belo Horizonte: Autêntica, 2020, 105.
[40] *Idem, ibidem.*
[41] *Idem*, p. 109.
[42] Nota do tradutor: modificamos a tradução de *Fühlern*, "antenas", para "palpos", evocando uma etimologia em comum com a solução francesa do texto freudiano, *palpeurs*.
[43] *Idem, ibidem.*

Temple Grandin destaca a necessidade que algumas crianças autistas podem ter de "apalpar" o mundo:

> Algumas delas constantemente tateiam coisas. Elas provavelmente fazem isso para descobrir onde estão os limites no seu ambiente, como uma pessoa cega tateando com uma bengala. Seus olhos e ouvidos funcionam, mas não são capazes de processar as informações visuais e auditivas recebidas.[44]

Essa proposta reflete o que observamos na clínica e que destacamos aqui na vinheta extraída do caso de Thomas. Também é comum, em instituições, ver uma criança deixar sua saliva escorrer sobre os objetos que lhe interessam, cobri-los com ranho ou até mesmo lambuzá-los com suas fezes. Seguindo essa mesma lógica, às vezes se vê uma criança autista deslocando-se com um bastão, batendo em seu redor à maneira de um explorador. Ou ainda, indo ao encontro de seu ambiente, encostando o olho na superfície ou no objeto a ser explorado. Temple Grandin relata até o caso de um homem "que precisava tocar os objetos para poder vê-los com seus olhos[45]". Por sua vez, Daniel Tammet explica que explora a textura do solo com os pés:

> Eu adorava caminhar descalço sobre aquelas esteiras. No calor, meus pés suavam e grudavam no plástico, e eu

---

[44] GRANDIN, Temple. *Mistérios de uma mente autista*. Trad. Pollyanna Mattos. Belo Horizonte: Ed. do Autor, 2011, p.78.
[45] *Idem, ibidem.*

levantava o pé e abaixava de novo para recriar, repetidas vezes, a sensação pegajosa na sola dos pés.[46]

Todos esses exemplos testemunham uma forma muito particular de apreender o mundo, que podemos modelar e imaginar a partir da ideia do que seriam pseudópodes. Os pseudópodes são extensões retráteis de certas células. Aqui usamos o termo de forma figurada, onde, por analogia, ele se define como um prolongamento. Essa modalidade de contato foi identificada muito cedo pelos clínicos interessados no autismo. Assim, já em seu artigo inaugural, Kanner havia notado a importância dessa função na clínica do autismo. Para ele, os autistas "aceitam gradualmente um compromisso, estendendo cautelosamente pseudópodes em direção a um mundo ao qual foram totalmente estranhos desde o início[47]".

Rey-Flaud retoma essa noção de pseudópodes a partir do uso das secreções no autismo. Se Tustin tratou o tema propondo ver nele uma maneira de dar forma às coisas, Rey-Flaud percebe um uso das secreções como

> paraexcitação realizada, constituída por um tecido linguageiro elementar (as "formas"). Mas a função dessas produções não se limita a este simples objetivo [...] a criança autista restabelece o buquê sensitivo perdido, vivido como

---

[46] TAMMET, Daniel. *Nascido em um dia azul: por dentro da mente de um autista extraordinário.* Trad. Ivo Korytowski. Rio de Janeiro: Intrínseca, 2007, p. 28.
[47] KANNER, Leo. "Autistic disturbances of affective contact" (1943). In: BERQUET, G. *L'autisme infantile. Introduction à une Clinique relationnelle selon Kanner.* Paris: PUF, 1983, p. 163.

um pedaço de corpo, com os materiais produzidos por seu próprio corpo.[48]

O autor fala aqui de pseudópodes reais[49], que teriam como função a incorporação de pedaços do mundo: "Alguns se esforçam para cobrir de saliva todos os objetos de seu universo, incluindo o terapeuta, como se quisessem incorporá-los[50]". No entanto, nos parece difícil falar de incorporação, e nossas observações nos levam a outras conclusões.

Em nosso livro anterior, mencionamos o caso de Leo[51], que colava seu rosto no chão para observar um carrinho que ele fazia andar para frente e para trás. Tammet[52] também sublinha que se colava à tela da televisão, assim como Steven Spielberg[53], que quando criança assistia a "neve" na tela quando os programas de TV acabavam. Do corpo, emergem pseudópodes que vão ao encontro de pedaços de real, não para extrair um bocadinho, mas para deixar neles uma *impressão* e memorizá-los. Nosso objetivo aqui é qualificar essa forma de explorar o mundo como uma relação de continuidade — e não de incorporação — que remete a uma dimensão háptica. É assim que Temple Grandin parece

---

[48] REY-FLAUD, Henri. *L'enfant qui s'est arrêté au seuil du langage. Comprendre l'autisme*. Paris: Flammarion, 2008, p. 247.
[49] *Idem*, p. 248.
[50] *Idem, ibidem*.
[51] ORRADO, Isabelle; VIVES, Jean-Michel. *Autismo e mediação. Bricolar uma solução para cada um*. Trad. Paulo Sérgio de Souza Jr. São Paulo: Aller Editora, 2022, p. 24-29.
[52] TAMMET, Daniel. *Nascido em um dia azul. Por dentro da mente de um autista extraordinário*. Rio de Janeiro: Intrínseca, 2007.
[53] PENSO, Gilles. *Steven avant Spielberg*. Paris: Michel Lafon, 2022, p 43.

construir sua "videoteca[54]" ou Daniel Temmet constrói sua "imagística mental[55]".

A partir da necessidade do bebê, Freud destacou que ele trilhava um caminho rumo a uma satisfação que distribui a libido e investe o exterior, havendo aí uma lógica de incorporação com a qual muitos autores tentam se reconectar em suas abordagens do autismo. No entanto, parece-nos que devemos romper com isso para explicar a lógica em ação no autismo, que coloca em jogo uma continuidade entre o corpo e o objeto: contato, impressão, armazenamento. O processo que parece se delinear aqui seria o seguinte: o corpo ou o órgão se aproxima ao máximo do objeto para ser *impressionado* e constituir uma captura, que em seguida será armazenada mais na forma de séries do que em rede. Além disso, essa estruturação também pode ser observada no nível da linguagem. É esse o funcionamento descrito com precisão por Temple Grandin em seu livro *Mistérios de uma mente autista*:

> As palavras são como uma segunda língua para mim. Traduzo palavras, tanto escritas quanto faladas, em filmes coloridos e com som que funcionam como uma fita cassete na minha cabeça. Quando alguém fala comigo, as palavras são instantaneamente traduzidas em imagens. [...] Pegando pequenos pedaços de imagens que tenho na minha videoteca mental e os ajuntando, crio novas imagens o tempo todo. [...] Para criar novos projetos, recupero peça por peça da minha

---

[54] GRANDIN, Temple. *Mistérios de uma mente autista*. Trad. Pollyanna Mattos. Belo Horizonte: Ed. do Autor, 2011, p. 34.
[55] TAMMET, Daniel. *Nascido em um dia azul: por dentro da mente de um autista extraordinário*. Trad. Ivo Korytowski. Rio de Janeiro: Intrínseca, 2007, p. 16.

memória e as combino em um novo conjunto. Minha habilidade para o desenho melhora continuamente conforme adiciono novas imagens à minha biblioteca.[56]

Aqui parece que o processo descrito por Temple Grandin não se refere à representação, tal como Freud a descreve, mas à apresentação. Foi o que desenvolvemos no primeiro capítulo a partir do signo, no que ele se distingue da marca e do significante.

O processamento da informação descrito por Temple Grandin é específico e se alinha aos três tempos lógicos que propomos: contato, impressão, armazenamento. Mas, como já destacamos, palpar não é o mesmo que arranhar. Se esse trabalho de palpação permite constituir séries ou até catálogos — que serão os elementos de combinações futuras —, como é o caso de Temple Grandin, isso não é um ato no sentido analítico, que visa produzir um corte, estabelecendo um antes e um depois. A construção dessas bibliotecas ou videotecas ocorre numa continuidade. Executar um arranhão é de uma outra dimensão.

O arranhão: um ato que informa o real

Vamos nos basear em uma pequena sequência clínica: Sacha é um jovem autista recebido em consulta individual. Ele usa fita adesiva para envolver os objetos que lhe interessam. Uma vez concluído o embrulho — que ocorre quando o rolo

---

[56] GRANDIN, Temple. *Mistérios de uma mente autista*. Trad. Pollyanna Mattos. Belo Horizonte: Ed. do Autor, 2011, p. 13-15.

acaba — ele remove a fita e libera o objeto, recolocando-o em seu lugar. Nesse momento, o analista indica o fim da sessão. Durante várias sessões, ele se dedica a essa atividade, rejeitando qualquer intervenção do analista. Será necessário esperar até que ele tenha dificuldade para remover um pedaço de fita preso no objeto, para que o analista tenha a possibilidade de agir, não ajudando diretamente, mas oferecendo uma ferramenta para descolar a fita resistente. Sacha aceita o analista aqui como personagem auxiliar, no sentido que desenvolvemos anteriormente. Com poucas possibilidades de intervenção, o analista decide desenhar o objeto que Sacha embala. Sacha para, observa o desenho e coloca o objeto sobre ele. Objeto e desenho se organizam numa combinação própria do autista. Ao longo das sessões, Sacha coloca sobre a mesa os objetos que deseja que o analista desenhe. Até que um dia ele corta um pedaço de fita adesiva e a utiliza para prender o desenho obtido em uma parede. A partir daí, Sacha começa a nomear em sessão os membros de sua família, mas também a nomear a si mesmo. Essa sequência clínica testemunha o progresso feito por Sacha até esse momento-chave, em que ele pendura o desenho na parede. Nesta sequência, encontramos o que já havíamos observado sobre o arranhão, talvez de maneira mais evidente: aqui percebemos os vínculos entre esse ato e a construção do corpo. Além de um envelope corporal, Sacha aparece como uma unidade distinta dos outros, que também adquirem, correlativamente, uma ex-sistência.

É essa mesma dinâmica que podemos observar em Thomas, quando ele começa a se interessar por certos instrumentos, até mesmo pela relação do clínico com o instrumento. Em seguida, em outro momento, a criança se apropria ativamente do dispositivo que lhe é oferecido. Ela escolhe instrumentos de percussão e, utilizando a mão do clínico como se fosse baqueta, ela bate. Esta é uma etapa essencial, momento em que situamos o que chamamos de arranhão, que nos exige distinguir dos três elementos que caracterizam esse tempo lógico: a função ocupada pelo clínico, as características dos instrumentos escolhidos e o ato de bater. Se seguirmos de perto a clínica, podemos observar que não é o som que serve como mediador entre a criança e o terapeuta, mas o terapeuta, utilizado como ferramenta, que permite mediar a relação de Thomas com o som e, portanto, com o Outro, com a língua. Quando o clínico consegue oferecer uma resposta aguardada ao sujeito autista, ele pode então, com seu corpo, tornar-se objeto de mediação em um trabalho terapêutico.

Os instrumentos que Thomas investe são as pequenas percussões rítmicas (maracas, pandeiro, tambor basco, claves...). Elas apresentam a característica de produzir sons cuja duração é relativamente curta, ainda mais porque, após bater no instrumento, ele mantém pressionada a mão do clínico, o que impede qualquer fenômeno de ressonância e abafa o som mal este é produzido. Ao contrário dos instrumentos como metalofone ou as lâminas sonoras — que Thomas não utiliza nesse período — os tambores e as claves emitem um som curto e produzem uma vibração que desaparece rapidamente ou imediatamente nas condições em que ele os utiliza.

Propomos diferenciar aqui vibração e ressonância. O fenômeno vibratório consiste em movimentos entre partículas. Isso se aplica tanto a gases e líquidos, quanto a sólidos. Assim, o som é uma vibração do ar, as ondas são vibrações da água na superfície dos oceanos, os movimentos sentidos em um carro são vibrações mecânicas provenientes do motor e da estrada, um terremoto é uma vibração. É essa a dimensão que se expressa quando Thomas se deixa massagear pelo som do alto-falante. A ressonância, por outro lado, corresponde às características do fenômeno vibratório. Em certas frequências, a estrutura responde mais do que em outras, isso é o que chamamos de frequências de ressonância. Toda estrutura mecânica tem a possibilidade de entrar em ressonância. A ressonância pode ser global ou local. Se uma estrutura é excitada em uma frequência de ressonância, ela começa a vibrar e, se a amplitude for suficientemente forte, ela pode se romper. É contra esse risco de ruptura que Thomas parece se proteger quando impede qualquer fenômeno de ressonância, pois, se a vibração diz respeito à contenção, a ressonância toca a ex-sistência.

Chamamos de "arranhão" esse momento em que Thomas, utilizando a mão do clínico como baqueta, bate nas percussões e produz intencionalmente sons breves, um arranhão no que antes era apenas *tohu-bohu*[57], testemunho de sua abertura ao Outro de onde a letra se precipita. Não se trata mais de uma trincheira, mas de uma demarcação. A etimologia da palavra francesa para "arranhar", *griffer*, remonta um empréstimo do alto-alemão antigo *grif* ("ação de agarrar"), do verbo *griffen* ("agarrar")[58]. Ao produzir um som, Thomas

---

[57] Nota do tradutor: preservamos aqui o termo utilizado pelos autores. *Tohu va-bohu* é o segundo verso da Bíblia em hebraico (Ge 1:2) e descreve a condição indiferenciada da terra antes da intervenção criadora de Deus.
[58] Nota do tradutor: ainda que a etimologia de "arranhar" seja controversa, alguns dicionários etimológicos apontam o castelhano *aruñar*, "raspar com as unhas", como sua origem.

recorta o real e permite assim que uma parte dele seja mantida à distância. Esse trabalho permitiria interpor distância entre do Outro e da Coisa. O arranhão deve ser compreendido como a introdução de um furo em um mundo real em que nada falta, furo dotado de uma borda que faz descontinuidade. A partir dessa marca, abre-se um espaço de "negociações com o Outro[59]". Por meio de seu ato, Thomas vem arranhar o *continuum* sonoro até produzir música. O arranhão revela-se então uma marca articulada ao Outro.

Retomemos a proposição de Lacan:

> Não é a letra... litoral, mais propriamente, ou seja, figurando que um [domínio] inteiro serve de fronteira para o outro, por serem eles estrangeiros, a ponto de não serem recíprocos?[60]

Nossa série — riscado, arranhão e assinatura — constitui então diferentes modos da relação com a letra, três maneiras que a criança autista utiliza para que "um [domínio] inteiro [sirva] de fronteira para o outro".

No caso do riscado incessante, isso consiste em cavar uma trincheira[61] (mais do que uma fronteira) visando proteger-se

---

[59] LAURENT, Éric. *A batalha do autismo. Da clínica à política*. Trad. Vera Ribeiro. Rio de Janeiro: Zahar, p. 120.
[60] LACAN, Jacques. (1971) "Lituraterra". In: *Outros escritos*. Trad. Vera Ribeiro. Rio de Janeiro: Zahar, 2003, p. 18, tradução modificada.
[61] Tomamos o termo "trincheira" emprestado de um jovem paciente que, fascinado por furos e buracos, os observava em todas as formas, os desenhava, e pouco a pouco complexificava suas produções, representando circuitos elaborados de galerias subterrâneas. Um dia, após assistir a uma aula de história sobre a Primeira Guerra Mundial, ele pediu aos pais permissão para cavar uma trincheira no jardim. Seus pais concordaram, e ele se dedicou a essa tarefa durante várias semanas. A possibilidade de realizar esse projeto foi extremamente importante para ele e teve consequências consideráveis.

da intrusão do Outro, mas que implica um primeiro reconhecimento dessa alteridade. Assim, quando Thomas arremessa os instrumentos musicais no analista, ele cava um fosso que o mantém à distância das solicitações.

O arranhão implica, por sua vez, um modo diferente de relação com a letra. Ainda se trata de estabelecer uma demarcação, mas esta integra uma dimensão imaginaro-simbólica, ao contrário do riscado, que é real. Utilizamos aqui a fórmula "imaginaro-simbólica" para dar conta da predominância do imaginário nessa operação, que não ocorre sem o simbólico: é o registro do *signo* que se estende ao *que faz signo*, o que *assinala* a presença do autista[62]. Se retomarmos o que chamamos de arranhão no caso de Thomas, ele cava no que antes era apenas *tohu-bohu* uma primeira apreensão do caos: "*Fiat* arranhão!".

A afirmação que Thomas realiza ao bater com a ajuda da mão do clínico nas percussões abre para ele possibilidades que permitirão ao processo analítico se desdobrar. Pelo arranhão, o autista traça um litoral que lhe permite se apresentar ao domínio do Outro: um gesto que abre para a emergência de uma marca que poderá se tornar "grifo", "assinatura".

---

[62] Aqui, remetemos o leitor ao desenvolvimento de Lacan sobre o "imaginariamente simbólico" e à retomada por Jacques-Alain Miller, que propõe compreender aqui o sentido poético que implica uma violência feita à língua. Ele contrapõe isso ao "simbolicamente imaginário", que corresponde ao sentido corrente da linguagem. O que nos interessa aqui é a maneira de apreender a inclusão do simbólico no imaginário, o que retomamos a partir da fórmula "imaginaro-simbólico". LACAN, Jacques. *Seminário 24: L'insu que sait de l'une-bévue s'aile à mourre* (1976-1977), inédito. MILLER, Jacques-Alain. "L'orientation lacanienne. Le tout dernier Lacan". Aula pronunciada no departamento de psicanálise da Universidade Paris 8, 28 de março de 2007, inédito.

CAPÍTULO 4

A assinatura: uma solução *sinthomática* no autista

A terceira modalidade que a letra pode assumir é a que identificamos com o nome de grifo [*griffe*] ou assinatura. Essa assinatura seria a tentativa de fazer existir "um [domínio] inteiro [que servisse] de fronteira para o outro". A assinatura seria o marcador de que a noção de campo, e não de eu [*moi*], foi constituída. Ela faz capitonê da posição do autista em uma dimensão imaginaro-simbólica que lhe permitiria — pois "um [domínio] inteiro serve de fronteira para o outro" — apresentar-se ao mundo do outro. Assim, quando Thomas encontra alguns membros da equipe dentro da instituição, ele pode saudá-los com um AO. Com isso, testemunha que eles "são estrangeiros, a ponto de não serem recíprocos". Não há mais confusão (como a ecolalia poderia nos fazer perceber), mas sim reconhecimento de uma alteridade.

A utilização do termo "domínio" nos parece particularmente interessante aqui e nos permite esboçar uma diferença entre o que pertenceria ao campo do Outro e o que pertenceria ao domínio do Outro. O campo do Outro implica uma estabilização do simbólico, enquanto o domínio do Outro designaria um Outro colonizado pela Coisa. Este Outro, um buraco negro, pertenceria à dimensão do real, caracterizado por uma potência absorvente. De fato, se o Outro simbólico é radicalmente Outro, o Outro ainda colonizado pela Coisa não possui essa alteridade. Isso pode ser ilustrado pela situação de Tino. Tino tem medo de furos, e não de monstros. O medo de monstros, muito frequente no desenvolvimento da criança, já indica uma estabilização. Nesse caso, uma parte da coisa se alojou em um objeto exterior, bordejado por uma forma delimitada: o monstro. Para Tino, essa transformação não aconteceu e, a partir disso, é esse furo que bordejará, constituindo-o como um domínio, sem, no entanto, circunscrevê-lo perfeitamente. Ele permanece uma ameaça: ele pode, por exemplo, a despeito dessa borda, absorver aquele que se arrisca nele, como veremos adiante com Sean Barron. Essa distinção entre domínio e campo nos permite diferenciar o que pertence à inscrição simbólica no campo do Outro em relação à apresentação imaginaro-simbólica no domínio do Outro. Este último registro seria o regime próprio da constituição e do encontro com o Outro no autismo, o que propomos levar em consideração a partir da assinatura.

A bricolagem de uma assinatura no autista já foi observada por alguns autores, e queremos aqui tirar algumas lições clínico-teóricas decorrentes disso. É a isso que nos dedicaremos a partir de agora.

Figuras da assinatura no autismo

O sempre inspirado e clinicamente preciso Ron Suskind aproxima-se dessa questão quando afirma:

> Quando Owen resolveu, um ano antes, cologar Iago no armário dele na escola, Cornelia e eu perguntamos por quê. [*Sua assinatura?*][1]

O pai de Owen parece ter aqui a intuição de que o trabalho que seu filho realiza com a ajuda deles estaria relacionado à necessidade de criar uma assinatura.

Outros clínicos ou pais de autistas já pressentiram essa presença da assinatura. Vejamos um momento do acompanhamento de Alain, relatado por Yves-Claude Stavy.

> Não é apenas o objeto oral que Alain tenta extrair; aquele que exigia silêncio durante as partidas de futebol começou a cantar. [...] Um detalhe chamou nossa atenção. Recentemente, Alain passou a modificar as letras das canções. [...] Alain submetia os significantes que o visavam aos tempos das músicas. Misturados às letras das canções favoritas, complementados pelas melodias que não têm sentido, batidos pelo compasso, escritos em "cartolina branca", as palavras tornaram-se poesia. [...]

---

[1] SUSKIND, Ron. *Vida animada. Uma história sobre autismo, heróis e amizade.* Trad. Ana Ban. Rio de Janeiro: Objetiva, 2017, p. 169-170, grifo no original. [Nota do tradutor: na edição brasileira, a tradutora não reproduz o questionamento dos pais que consta no original inglês: "*Iago, as the signature character* [...]?" SUSKIND, Ron. *Life animated. A story of sidekicks, heroes, and autism.* Nova York: Kingswell, 2014, p. 137.

"eu que queimei minha vida/ aqu'anto das noi-tes/ então eles Tomaram/ em vez do tédio/ a música, sim, a música/ eu sei, será a chave/ o amor e a amizade/ papai dentro, na água n'gás/ vaí, cala a boca, vaí, cala a boca/ você está quebra a gente/ os ouvidos, why?/ os vermelhos, os verdes, vaí, vaí/ é preciso água para nã queimá/ al."[2]

Ao ler em voz alta os poemas de Alain, Olivier percebeu que um trecho ressoava de maneira inconfundível com o nome patronímico recentemente adquirido pelo garoto. [...] Isso não é tudo: cada texto termina com as letras "al". Subtraindo o "-ain" do primeiro nome, utilizando apenas minúsculas, sem pular linha, Alain inseria o nome de autor que ele próprio havia escolhido ("a-l") dentro do poema.[3]

Duas formas de assinatura aparecem aqui: a comum, onde Alain "assina" com as duas primeiras letras ("a-l") seus poemas, e outra menos evidente, mas que corresponde mais ao que tentamos definir neste trabalho: a presença, dentro da produção poética, de um elemento que apresenta o sujeito ao mundo grifando, isto é, subtraindo, e não adicionando: aqui, "um trecho ressoando inconfundivelmente com o nome patronímico recentemente adquirido pelo garoto".

---

[2] Nota do tradutor: "moi qui brulé ma vie / jusqu'eau coin des nu-its / alors ils ont buT / au lieu de l'ennui / la musique, oui, la musique / je sais, sera la clé / l'amour et l'amitié / , papa dedans, dans l'eau dans l'gaz / allé, tais-toi, allé, tais-toi / toi tu nous casse / les oreilles, why? / les rouges, les verts, allé, allé / il faut de l'eau pour pa brulé / al."
[3] STAVY, Yvez-Claude. "Du style, à la méthode". In: *Parents et psychanalystes pensent l'autisme*. Paris: Le Champ freudien, 2021, p. 62-63.

Também identificamos esse efeito de assinatura no relato de Françoise Baudouin, mãe de Zoe. Zoe, jovem autista de 17 anos, graças à intervenção de sua educadora, começou a pintar quando ingressou no CRT de Nonette.

> Zoe não escrevia e não conseguia segurar nem lápis, nem pincel em suas mãos. Mas um dia, ao fazer sua higiene, Zoe inventou com seus dedos uma ferramenta gráfica, unindo o indicador e o médio. Ela traçou voltas por todo o comprimento da parede e começou a cobrir, linha por linha, toda a superfície até a borda da banheira. [...] Sua educadora lhe propôs então tornar visíveis seus traços, aplicando uma substância na parece (pasta de dente, argila...). Depois, [...] ela a encorajou a fazer escultura sobre pintura. [...] No silêncio do ateliê, Zoe traça com os dedos formas indescritíveis, surgidas dos movimentos de seu corpo. Ela suspira, murmura, sussurra ao nosso ouvido que o que ela cria e mostra hoje em exposições na França, ou em outros lugares, lhe dá um ponto de apoio para sustentar-se em seu mundo singular.[4]

Num primeiro tempo, é o vapor depositado sobre o azulejo da parede da banheira que é removido, criando marcas. Então a educadora tem a ideia de materializar isso colocando sobre a cerâmica pasta de dente, argila..., substâncias que podem ser trabalhadas removendo uma parte delas. O que a educadora perspicaz detectou no gesto de Zoe no banho foi uma grafia, ou seja, uma forma de escritura que

---

[4] BAUDOUIN, Françoise., "La rencontre d'un regard". In: *Parents et psychanalystes pensent l'autisme*. Paris: Le Champ freudien, 2021, p. 115-117.

ela propõe transpor para suportes mais duradouros. Essa transposição permitiu a Zoe inscrever essa descoberta em telas, que se transformaram então em quadros. O que faz assinatura aqui é a singularidade da maneira como Zoe realiza sua obra: esculpindo a pintura com os dedos, transformados em estilete.

Em um texto anterior ao citado, Françoise Baudouin introduziu o termo "assinatura": "E cada conclusão é pontuada por um corpo ereto, uma postura orgulhosa e um gesto decidido e alegre de Zoe, fazendo o ato de assinatura de seu trabalho[5]". Aqui, a assinatura é a apresentação do sujeito a partir de um movimento corporal.

Fica claro agora que essa questão da assinatura autística foi abordada por muitas pessoas que acompanharam crianças autistas. Foi a intuição que concluiu nosso trabalho anterior, a partir da obra de Antoine Ouellette, e que nos deu o desejo de realizar este segundo volume. A clínica nos permite agora conceituar o que podemos entender por assinatura.

Como bricolar uma assinatura

Etimologicamente, "grifo" designa "um instrumento que serve para fazer uma marca imitando uma assinatura". Encontramos aqui a singularidade do trabalho de inscrição sobre tela, desenvolvido por Zoe. Notemos então que o grifo é uma marca feita por uma subtração de matéria — o marceneiro cava a madeira — ao contrário da assinatura, que é

---

[5] BAUDOUIN, Françoise. "Zoé, de ses cris à son écriture..." (2016), disponível online no endereço: www.psychanalyse-normandie.fr

a adição de algo. Por extensão e metonímia, na linguagem comum, grifo torna-se assinatura, como se fala da "grife" de um grande estilista. É essa assinatura que identificamos clinicamente no momento em que Thomas vocaliza "O" e "A". A letra não é escrita a partir de "pareamentos diferenciais[6]" da linguagem, mas a partir de uma combinação que faz borda, autorizando uma relação com o Outro que inclua o sujeito autista. Propomos escrevê-la assim: O|A. O Traço vertical simboliza uma demarcação que permite aos dois elementos em jogo entrar em uma relação de combinação e não de colagem/fusão holofrásica. Uma combinação, segundo o empréstimo ao latim vulgar *combinatio*, é uma "associação de duas coisas" e, por extensão, de várias coisas. É assim que o dicionário histórico da língua francesa de Alain Rey propõe entender esse termo. Obtemos então a possibilidade de combinar e recombinar elementos conforme a necessidade. Além disso, esse dicionário nos lembra do uso do termo "combinado" para falar do telefone que conecta duas pessoas[7]. Combinar dois elementos juntos, como Thomas conseguiu fazer, revela-se essencial para que um contato com a linguagem possa se precipitar. Desta vez, a relação com a letra o leva a produzir um grifo, por um ato de subtração presente entre o O e o A: emergência de um furo que se revela, ao mesmo tempo, fronteira e intermediação, colocação em contato.

---

[6] LACAN, Jacques. (1957) "A instância da letra no inconsciente ou a razão desde Freud". In: *Escritos*. Trad. Vera Ribeiro. Rio de Janeiro: Jorge Zahar Editor, 1998, p. 504.
[7] Nota do tradutor: em francês, o *combiné* do telefone é a peça que o usuário segura para trazer o telefone ao ouvido.

A assinatura faz limite e contato entre a criança autista e o Outro. Ela grifa — ao capitoná-la — a constituição do "domínio", produzindo assim uma demarcação. Se, como afirma Lacan, tudo

se inaugura no que acontece com o registro do sujeito definido como *aquele que apaga seus vestígios*. Para deixar mais clara a dimensão original daquilo de que se trata, vou chamá-lo, em última instância, de *aquele que substitui seu vestígio por sua assinatura*,[8]

defendemos que Thomas deixa traços a partir de sua assinatura, mesmo que esta se inscreva sobre um fundo de plenitude, não de ausência, como é o caso na neurose. Trata-se de uma apresentação, no mínimo, ao domínio do Outro, que se apoia no arranhão [*griffure*] feito anteriormente e o eleva ao *status* de assinatura, de grifo [*griffe*]. Assim, o arranhão pode, por continuidade e circulação, tornar-se um grifo, uma assinatura a partir da qual o sujeito autista poderá se apresentar ao mundo do Outro.

Se, posteriormente, frases surgiram, elas foram essencialmente produzidas sob a forma de ecolalias. Entretanto, Thomas conseguiu se apropriar da língua para pronunciar algumas palavras e produzir alguns enunciados nos quais aparece uma demanda. Também é importante notar que sua relação com o mundo foi profundamente modificada. Sua relação com os outros e consigo mesmo melhorou, seus gritos

---

[8] LACAN, Jacques. (1968-1969) *O Seminário, livro 16: De um Outro a outro*. Trad. Vera Ribeiro. Rio de Janeiro: Zahar, 2008, p. 304, grifos no original.

sumiram pouco a pouco, seu sofrimento diminuiu consideravelmente. O Outro, ao encontrar direito de existência, gera a existência distintiva dos outros. Do lado dos cuidadores, essa experiência levou igualmente a uma mudança em suas representações e a uma humanização das relações que eles tinham com Thomas. Apesar da pouca expressão verbal do garoto, a equipe conseguiu escutar seu ritmo próprio e singular.

Acabamos de definir a assinatura como aquilo que faz capitonê do ato que o autista coloca em prática para inscrever uma marca no real, criar uma demarcação e se apresentar ao domínio do Outro. Thomas passeia com sua vocalização O│A e pode cumprimentar as pessoas que encontra com um alegre O│A. Zoe utiliza a junção do indicador e do médio para esculpir a pintura nas telas que serão expostas. Owen se apresenta ao domínio do Outro por intermédio do personagem auxiliar Iago, que ele reproduz com uma precisão surpreendente. Assinatura sonora, assinatura em movimento e assinatura escritural refletem os diferentes registros da letra em jogo. Assim, chegamos a uma nova questão: quando uma pessoa autista encontra uma maneira de assinar sua presença no mundo, podemos falar de *sinthoma*?

O *sinthoma*: uma solução para tratar o imaginário que foi pro brejo[9]

No seminário 23, Lacan reintroduz a grafia antiga da palavra "sintoma", *sinthoma*, para destacar o valor de "solução"

---

[9] Nota do tradutor: os autores utilizam uma expressão idiomática evocada por Lacan, *fout le camp*, que é usada para dizer que algo foi "por água abaixo", se dissipou ou deu errado.

do sintoma quando este se estabiliza e desempenha um papel fundamental na economia psíquica, a qual se constitui a partir de um modo como o imaginário, o real e o simbólico se enodam — ou não — uns com os outros. Se o sintoma é aquilo que incomoda e que gostaríamos de eliminar, o *sinthoma* é uma criação, uma invenção, uma bricolagem construída pelo sujeito, seja no decorrer de uma análise ou experimentado na escrita, na pintura ou na música... Falar de *sinthoma* é, portanto, retornar à raiz do sintoma — antes de, no francês, Rabelais injetar nele o grego[10], antes de Freud nele introduzir o sentido. O *sinthoma* contorna o real. Lacan desenvolve o conceito de *sinthoma* a partir da obra de Joyce, tentando captar a função da escritura para ele: bordejar o real e o enodar, a partir de um quarto anel, ao imaginário e ao simbólico.

Para tanto, Lacan se interessa pelo "caso de Joyce como respondendo a um modo de suprir um desenodamento do nó[11]". Mas antes de abordar a solução, convém mostrar como Lacan identifica esse desenodamento a partir do relato feito pelo autor em *Um retrato do artista quando jovem*, particularmente na cena da surra. Nessa obra, o romancista irlandês narra como o personagem Stephen Dedalus é espancado por

---

[10] "*Symptôme*, substantivo masculino, é uma reconstrução (1538) de *sinthome* (1495; talvez por volta de 1363) emprestado do latim médico *symptoma*, ele próprio emprestado do grego *sumptôma*, *-matos*, 'afundamento', 'evento infeliz', 'coincidência', e especialmente 'coincidência de sinais'; [...] Rabelais usa *symptomates*, substantivo masculino plural (1552), derivado do plural da palavra grega, um uso que mostra que a forma *symptôme* ainda não estava estabelecida". REY, Alain (org.) "Symptôme". In: *Dictionnaire historique de la langue française*. Paris: Le Robert, 1998, p. 3723.
[11] LACAN, Jacques. (1975-1976) *O Seminário, livro 23: O sinthoma*. Trad. Sérgio Laia. Rio de Janeiro: Zahar, 2007, p. 83.

três colegas. Lacan se interessa por esse relato e destaca a forma como Joyce transcreve essa experiência:

> Foi o sinal do ataque. Nash segurou os braços dele para trás enquanto Boland catava um longo talo de couve que estava na sarjeta. Lutando e chutando e levando os lanhos da bengala e os golpes do talo nodoso, Stephen foi empurrado para trás contra uma cerca de arame farpado.
> — Admita que Byron não prestava.
> — Não.
> — Admita.
> — Não.
> — Admita.
> — Não. Não.
> Depois de uma última fúria de pancadas ele conseguiu se libertar. Seus algozes dispararam para a Jone's Road, rindo e zombando dele, enquanto ele, quase cego por causa das lágrimas, seguia aos tropeços, punhos furiosamente cerrados, soluçante.
> Enquanto ainda repetia o Confiteor em meio ao riso indulgente de seus ouvintes e enquanto as cenas do pérfido episódio ainda passavam cortante e velozmente por sua mente, ele ficou pensando por que não guardava rancor daqueles que o atormentaram. Não tinha esquecido de absolutamente nada da covardia e da crueldade deles, mas lembrar disso tudo não despertava raiva nele. Todas as descrições de amores e ódios ardentes que tinha encontrado nos livros lhe pareciam portanto irreais. Mesmo naquela noite enquanto seguia trôpego pela Jone's Road ele sentiu que algum poder o estava despojando daquela raiva subitamente tecida com a

mesma facilidade com que um fruto qualquer se despoja de sua macia casca madura[12].

Lacan comenta: "Em Joyce, só há alguma coisa que exige apenas sair, ser largada como uma casca[13]". Ora, na relação com o corpo, a norma é "que se afeta, que reage, que não é destacado[14]". Lacan utiliza então uma metodologia bem precisa — que podemos reduzir aqui a duas perguntas — para interrogar a lógica da articulação entre imaginário, real e simbólico em Joyce: qual é a psicologia de Joyce, ou seja, a ideia que ele tem de seu corpo? E para que serve sua escritura?

Joyce testemunha a psicologia de sua relação com o corpo, isto é, a ortopedia de sua relação com o corpo e a maneira como ele se afeta, a partir de metáforas. Ele metaforiza sua relação com o corpo nesse episódio da surra: *um desprendimento como casca acompanhado de repulsa*. Lacan precisa que se trata de uma *repulsa de seu próprio corpo*, testemunhando um defeito do ego: em Joyce, parece "não haver interesse por essa imagem nessa ocasião[15]". Aqui, o defeito do ego anda de mãos dadas com um desmantelamento do imaginário. É um erro que Lacan identifica no entrelaçamento borromeano das três dimensões RSI. O imaginário *vai pro brejo*: "Ele desliza, a relação imaginária não acontece[16]".

---

[12] JOYCE, James. *Um retrato do artista quando jovem*. Trad. Caetano Galindo. São Paulo: Companhia das Letras, p. 106-107.
[13] LACAN, Jacques. (1975-1976)*O Seminário, livro 23: O sinthoma*. Trad. Sérgio Laia. Rio de Janeiro: Zahar, 2007, p. 146.
[14] *Idem, ibidem.*
[15] *Idem, ibidem.*
[16] *Idem,* p. 147.

A questão, então, se torna: o que permite que a estrutura se sustente e recupere um certo enodamento? É aí que entra a importância da escritura para Joyce. Ela permite a criação de um ego especial que não se apoia no corpo, mas no nome. Enquanto Joyce está à mercê de uma perda de consistência, a escritura assim obtida traz a possibilidade de um novo enodamento com ajuda de um quarto anel: o ego. A escritura de Joyce — que se baseia em uma enunciação singular envolvendo "o enigma elevado à potência da escrita[17]" — restaura um ego, evidenciando aqui a importância de se fazer um nome. Joyce se dá o corpo da obra[18] que ele busca "fazer de si[19]".

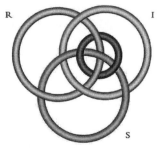

O ego corretor

O ego que Joyce encontra em sua escritura, portanto, faz *sinthoma*, quarto anel que mantém juntas as três dimensões que afetam o psiquismo. No autismo, nada disso ocorre.

---

[17] *Idem*, p. 150.
[18] Mesmo que retomemos aqui o título de uma célebre obra de Didier Anzieu, não retomamos, contudo, suas teses. ANZIEU, Didier. *Le corps de l'oeuvre*. Paris: Gallimard, 1981.
[19] LACAN, Jacques. (1975-1976) *O Seminário, livro 23: O sinthoma*. Trad. Sérgio Laia. Rio de Janeiro: Zahar, 2007, p. 23.

Propomos seguir a abordagem utilizada por Lacan para desvendar o *sinthoma* joyciano a fim de identificar o que seria o *sinthoma* autístico. Para isso, analisemos, a partir do testemunho de Sean Barron, como o corpo se afeta. Sean Barron foi diagnosticado autista com 4 anos. Ele seria acompanhado no seu cotidiano pelos pais. Por volta dos 30 anos, ele escreveu um relato a duas vozes com a mãe, publicado em 1992: *Moi, l'enfant autiste*. Nele, Sean Barron descreve sua infância em grande parte desconectada daquele[s] que o rodeava[m]. Seus escritos destacam sua imersão em um mundo sensorial que o deborda: um som satisfatório, o toque de um tapete ou ainda um movimento observado.

> Lembro-me de estar deitado no chão e arranhando o tapete com os dedos. É uma de minhas primeiras lembranças. O contato com algo que não era perfeitamente liso me incomodava. Eu precisava tocar tudo o que não tinha um aspecto homogêneo. Em casa, havia um tapete com pequenas estrias; ao tocá-las, eu tinha a impressão de que toda a superfície era absolutamente uniforme, mesmo que não parecesse. Portanto, eu precisava mexer nele constantemente para ter certeza de que ele era o mesmo em toda a sua extensão.[20]

Percebemos aqui que Sean Barron precisava assegurar-se da imutabilidade do mundo e, no caso do tapete, verificar que a superfície era uniforme, sem descontinuidades. De fato, como Tino ou o jovem paciente que cavou uma trincheira

---

[20] BARRON, Sean; BARRON, Judy. *Moi, l'enfant autiste*. Paris: Plon, 1993, p. 27.

no jardim, Sean mostrou, desde cedo, um interesse — não sem certa dose de terror — pelos buracos: haveria um fundo? Ele colocava pequenos objetos nos buracos dos aquecedores, esperando descobrir até onde o buraco ia[21]; ele abria as portas incansavelmente, nunca tendo certeza de que encontraria a mesma coisa atrás delas[22]; ele jogava objetos nas árvores para ver até onde iriam[23]; ele deslizava o dedo pelos furos do piso, esperando encontrar um ponto de parada. Essa afinidade com os furos e seu fundo estava ancorada em angústias[24] (a piscina o aterrorizava, pois ele não tinha garantia de que havia um fundo[25]) associadas a momentos de júbilo (ele era muito interessado em becos sem saída, finalmente uma rua onde o fundo era visível![26]).

A verificação de que o ambiente é imutável e liso cria uma plenitude às vezes interrompida, especialmente quando seus pais o repreendem:

> Eu dedicava cem por cento de minha atenção ao que eu estava fazendo. Eu vagamente percebia que minha mãe estava lá, mas só tomava realmente consciência disso se ela me interrompesse de verdade, por exemplo, quando gritava ou me impedia de agir como eu queria.[27]

---

[21] *Idem*, p. 34-35.
[22] *Idem*, p. 56.
[23] *Idem*, p. 61.
[24] Já encontramos esse processo em Briac, Temple Grandin, Steven Spielberg...
[25] BARRON, Sean; BARRON, Judy. *Moi, l'enfant autiste*. Paris: Plon, 1993, p. 99.
[26] *Idem*, p. 115.
[27] *Idem*, p. 35.

Seu corpo então é "puxado pelos redemoinhos[28]". Quanto a isso, Sean Barron é muito preciso:

> Quando eu era pequeno, costumava ter visões de algo que me agarrava pelos pés e me puxava para baixo, me sugando. Mas quando meu pai e minha mãe me faziam tocar o cimento úmido com a mão, isso não me incomodava; eram meus pés que eram vulneráveis, muito, muito vulneráveis.[29]

Em outra ocasião, ele descreve:

> A sala pareceu se fechar sobre mim. Achei que o chão estava se abrindo sob meus pés e que eu seria engolido por um buraco sem fundo.[30]

Essa sequência nos remete a Tino e à maneira como ele deixava cair seu corpo quando o furo se impunha a ele. O corpo está aqui em primeiro plano, o que nos leva a precisar seu *status*.

O corpo do autista: um saco ameaçado de ser engolfamento

A relação com o corpo foi uma questão central para Lacan desde o início até o fim de seu ensino. "O estádio do espelho" é provavelmente um de seus escritos mais conhecidos.

---

[28] *Idem*, p. 154.
[29] *Idem*, p. 100.
[30] *Idem*, p. 240.

Nele, Lacan situa o corpo em sua articulação com a dimensão imaginária:

> É sobre isso que insisto em minha teoria do estádio do espelho — a só vista da forma total do corpo humano dá ao sujeito um domínio imaginário do seu corpo, prematuro em relação ao domínio real.[31]

Essa forma total, vista no espelho e assimilada como sendo de si, abre para a dimensão egoica, com suas duas principais características: primeiro, o eu [*moi*] se baseia em uma forma considerada como corpo; segundo, o eu [*moi*] pertence ao imaginário. Essa forma total que dá consistência ao corpo é qualificada por Lacan de "ortopédica". A etimologia grega desse termo remete a *ortho*, "direito", e a *pedia*, "educação das crianças". Refere-se, portanto, à "arte de prevenir e corrigir deformidades do corpo, especialmente em crianças, com o uso de aparelhos ou tratamentos[32]". Para Lacan, a forma capturada no momento do estádio do espelho vem corrigir o espedaçamento primordial do corpo. Vale notar que a função do espelho e da imagem refletida foi trabalhada por Wallon, mas este o tratou como uma fase do desenvolvimento, um estádio que é ou não ultrapassado. Lacan se distancia dessa abordagem, fazendo dela um tempo lógico que estrutura a relação do falasser com o corpo. Existe

---

[31] LACAN, Jacques. (1953-1954) *O Seminário, livro 1: Os escritos técnicos de Freud*. Trad. Betty Milan. Rio de Janeiro: Jorge Zahar Editor, 1996, p. 96.
[32] Definição de "orthopédie" segundo o site do Centre National de Ressources Textuelles et Lexicales, consultado em 24 de outubro de 2023. https:// www.cnrtl.fr/definition/orthopedie

a imagem, existe o "si" e existe o Outro que designa este corpo como sendo "si".

Mais de vinte anos depois, durante o seminário sobre o sinthoma, Lacan retorna a essa relação com o corpo no âmbito do imaginário. Mas desta vez, o corpo não é mais somente a imagem plana e invertida (em referência à do espelho). Ao passar da geometria à topologia, o corpo que era concebido como uma esfera que estabelecia uma unidade fechada com um dentro e um fora distintos, torna-se outra coisa. Eis o que Lacan introduz a partir dessa passagem: "O espantoso é que a forma só libera o saco ou, se vocês quiserem, a bolha, pois é alguma coisa que incha[33]".

Lacan se distancia aqui da imagem ortopédica. De fato, quais são as propriedades do saco e da bolha, e por que fazer referência a eles? Ambos possuem um invólucro mole. E apresentam uma certa fragilidade. O saco pode desmoronar sobre si mesmo, enquanto a bolha pode estourar. Lacan usa essa referência ao saco para fazer da forma a constituição de um conjunto — que toca a dimensão real do corpo — mais do que uma unidade esférica — que faz apelo ao imaginário.

Quando o corpo faz esfera, geralmente é marcado pela adoração que o falasser lhe dedica[34]. Esse investimento é notável e perfeitamente identificado pelas pessoas autistas. De fato, elas não compartilham o importante investimento da imagem do corpo que podem constatar nas pessoas ditas

---

[33] LACAN, Jacques. (1975-1976) O Seminário, livro 23: O sinthoma. Trad. Sérgio Laia. Rio de Janeiro: Zahar, 2007, p. 19.
[34] Idem, p. 64.

"neurotípicas". Assim, a razão pela qual estas pessoas podem passar um tempo infinito diante do espelho lhes é estranha. Quando a imagem do corpo é assim investida, o falasser faz dessa imagem seu corpo, um corpo que ele pensa ter e que lhe dá uma consistência, "consistência mental[35]", diz Lacan. Se o hábito não faz o monge, podemos, contudo, admitir que o corpo faz a consistência a partir das dimensões imaginária e simbólica.

Os testemunhos de autistas relatam esse corpo que não se mantém, como vimos nos colapsos de Tino, que em alguns momentos parecia se esparramar pelo chão. Baseemo-nos no relato de Sean Barron. Seu corpo ameaça constantemente ser sugado e desaparecer. Que imagem do corpo Sean Barron tem?

Formar uma ideia do próprio corpo se conecta com a torção introduzida por Lacan, — ainda no seminário 23 — ao falar da psicologia da relação com o corpo, que deve ser considerada como "a imagem confusa que temos de nosso próprio corpo[36]". Lacan não diz "a imagem confusa do corpo", ele diz "a imagem confusa que *temos* de nosso próprio corpo[37]". A imagem em questão não é mais aquela do espelho, é uma imagem ligada aos afetos, sendo o afeto entendido como algo que incide sobre o corpo. "Assim, o afeto vem a um corpo cuja propriedade seria habitar a linguagem", nos diz Lacan[38]. Os exemplos são muitos. O psiquismo pode ser afetado por

---
[35] *Idem, ibidem.*
[36] *Idem,* p. 146.
[37] Grifo nosso.
[38] LACAN, Jacques. (1973) "Televisão". In: *Outros escritos.* Trad. Vera Ribeiro. Rio de Janeiro: Zahar, 2003, p. 526.

uma observação, uma frase ou ainda por palavras a ele endereçadas: entusiasmo, angústia ou mesmo a vergonha são variantes dessa afecção do psiquismo que toca o corpo. Sean Barron, por exemplo, testemunha que, ao se ver no espelho, são sentimentos de "vergonha", "embaraço" e "humilhação" que prevalecem. Esses mesmos sentimentos também dominam quando ele é repreendido, imaginando que seus colegas estão "zombando" dele[39]. É assim que o corpo é afetado.

A psicologia, conforme o termo é utilizado por Lacan aqui, é uma função ortopédica da relação com o corpo. Não é mais a forma que é ortopédica, mas sim a relação com o real do corpo: "a ideia de si como um corpo tem um peso. É precisamente o que chamamos de ego[40]". Detenhamo-nos um instante sobre o uso do termo "ego" por Lacan. Por que ele o emprega, já que não é de seu costume e até mesmo o combateu quando foi usado pelos psicanalistas norte-americanos nos anos 50, defensores da Psicologia do Ego? Lacan indica que o ego está ligado ao narcisismo, que "suporta o corpo como imagem[41]". Para entender bem do que se trata, precisamos nos referir a uma pequena indicação que Lacan dá em seu seminário: esse termo, ego, lhe veio após ter ouvido Jacques Aubert durante uma conferência do Campo Freudiano, "Galeria para um retrato". Na discussão que se seguiu, Lacan avança que o ego seria "um imaginário

---

[39] BARRON, Sean; BARRON, Judy. *Moi, l'enfant autiste*. Paris: Plon, 1993, p. 244-145.
[40] LACAN, Jacques. (1975-1976) *O Seminário, livro 23: O sinthoma*. Trad. Sérgio Laia. Rio de Janeiro: Zahar, 2007, p. 146.
[41] *Idem, ibidem*.

redobrado, um imaginário de segurança, se assim pudermos dizer[42]". Voltemos à lógica do espelho: o eu [*moi*] se constitui no momento em que o reflexo no espelho é designado pelo Outro como "isso é você". O ego, um imaginário redobrado, apareceria quando a pessoa questiona o espelho: "Espelho, espelho m'eu, quem é mais bela do que eu?" Não se trata mais apenas de se reconhecer no espelho, mas de ser capaz de se afetar pelo que se vê. A ideia que se tem de si passa a dominar, constituindo o ego.

O testemunho de Sean Barron nos permite identificar que seu corpo se afeta a partir da vergonha:

> Assim, quando meu pai e minha mãe gritavam comigo, eu imaginava meus colegas assistindo ao espetáculo e zombando de mim. Eles deviam pensar que eu era realmente uma pessoa horrível para ser repreendido assim pelos meus próprios pais! [...] Consequentemente, ao me ver no espelho, mesmo que por um segundo, eu me sentia morto de vergonha.[43]

Nos anos 70, Lacan retoma a questão da vergonha, articulando-a com a dimensão do ser, inventando, para isso, um neologismo a partir do termo filosófico "ontologia" (isto é, o que é relativo ao ser) e a palavra francesa para vergonha, *honte*: a *hontologia*. É a vergonha enquanto afeto que concerne

---

[42] LACAN, Jacques. *Analytica*, 1977, n° 4 (suplemento ao n° 9 de *Ornicar?*), p. 16-18.
[43] BARRON, Sean; BARRON, Judy. *Moi, l'enfant autiste*. Paris: Plon, 1993, p. 244. Tradução livre.

ao próprio ser[44]. Quando Sean Barron é repreendido, e especialmente quando a reação do outro é imprevisível, é a vergonha que se impõe e toca sua imagem. Enquanto o olhar dos outros é convocado para mediar sua relação com o corpo, este mantém uma consistência mínima, embora dolorosa. Mas quando esse olhar desaparece, a psicologia da relação com o corpo desmorona: "Cada vez que me via no espelho, eu era tomado por vergonha e embaraço. Eu me achava tão horrível que não suportava me olhar[45]". E ele acrescenta mais adiante: "Se fosse forçado a me olhar, eu dava um jeito de olhar acima da minha cabeça ou para o lado. Eu era incapaz de encarar minha própria imagem e tantas imperfeições[46]".

A imagem não se sustenta e pode levar seu corpo a desaparecer, sugado pelos redemoinhos. O imaginário se desfaz, apresentando um defeito no nó borromeano na junção do imaginário com o simbólico. Qual resposta o autista pode então bricolar?

Voltemos ao nosso desenvolvimento sobre o corpo saco:

> O que quer dizer consistência? Quer dizer o que mantém junto [...]. Com efeito, [...] só temos ideia da consistência pelo que constitui saco ou trapo. É a primeira ideia que fazemos disso. Mesmo o corpo, nós o sentimos como pele, retendo

---

[44] LACAN, Jacques. (1969-1970) *O Seminário, livro 17: O avesso da psicanálise*. Trad. Ari Roitman. Rio de Janeiro: Jorge Zahar Editor, 1992, p. 172. Nota do tradutor: na edição brasileira, o tradutor verteu o neologismo lacaniano por "vergontologia".
[45] BARRON, Sean; BARRON, Judy. *Moi, l'enfant autiste*. Paris: Plon, 1993, p. 244. Tradução livre.
[46] *Idem, ibidem*.

em seu saco um monte de órgãos. Em outros termos, essa consistência mostra a corda.[47]

Para que haja consistência, o saco precisa de uma corda que ofereça a possibilidade de fechá-lo. O saco em questão poderia ser pensado como uma trouxinha que só encontra sua funcionalidade quando sua corda é apertada, o que lhe permite formar uma unidade da qual deriva a possibilidade da ex-sistência e da consistência. O Um em questão não tem nada a ver com o 1 da sequência dos ordinais, "é o Um a partir do qual você pode colocar e pensar toda marca[48]".

Faltando uma corda que feche o corpo saco, este constitui um conjunto aberto permeável ao exterior e ameaçado de colapso. A sequência clínica apresentando Sacha demonstra isso. O momento em que se usa a fita adesiva para prender o desenho é um arranhão, um aperto da corda que fecha o saco, permitindo-lhe constituir um corpo e, em seguida, nomear as pessoas em uma foto: ex-sistência e consistência vêm à tona.

> Nem por isso um saco vazio permanece um saco, ou seja, isso que só é imaginável pela ex-sistência e pela consistência que o corpo tem, de ser pote. É preciso apreender essa ex-sistência e essa consistência como reais, posto que apreendê-las é o real. É o que a palavra *Begriff* quer dizer.[49]

---

[47] LACAN, Jacques. (1975-1976) *O Seminário, livro 23: O sinthoma*. Trad. Sérgio Laia. Rio de Janeiro: Zahar, 2007, p. 63.
[48] MILLER, Jacques-Alain. "L'Un est lettre", *La cause du désir*, nº 107, 2021, p. 19. Tradução livre.
[49] LACAN, Jacques. (1975-1976) *O Seminário, livro 23: O sinthoma*. Trad. Sérgio Laia. Rio de Janeiro: Zahar, 2007, p. 19.

Traduzimos o termo alemão *Begriff* por "formar uma ideia de algo". *Begriff* remete à ideia de conceito e, portanto, de representação, mas também de "apreender". A apreensão de algo, que propomos aproximar do arranhão que, ao rasgar o real, instaura o regime da letra como fazendo marca, como fazendo Um, e instaura, assim, a possibilidade de uma ex-sistência do corpo. O arranhão seria o fechamento da bolsa que, dessa maneira, se torna um saco fechado: *Begriff*, formar uma ideia de seu corpo.

Com o caso de Antoine Ouellette, podemos demonstrar o valor *sinthomático* da assinatura autística.

Antoine Ouellette e suas "melodias em ecos": um sinthoma musical

Devemos a Antoine Ouellette a ideia da assinatura como modalidade de apresentação ao mundo, algo que encontrou eco em todos os casos clínicos acima apresentados.

Para Antoine Ouellette, diante da violência da língua, uma resposta surgiu rapidamente: "criar música". Quando criança, suas dificuldades se condensaram em um sintoma de palilalia, que também pode ser observada na escuta iterativa que ele fazia de certas faixas musicais, o que podemos aproximar da dimensão da letra como riscado, tal como desenvolvemos anteriormente. Tomando apoio em dois centros de interesse que manifestou desde a infância — a música e o canto dos pássaros —, Antoine Ouellette realiza um verdadeiro tratamento de sua relação com o real, um arranhão que ele elevará à dignidade de assinatura para encontrar uma possível relação com o mundo.

Antoine Ouellette explica o motivo de suas escutas musicais iterativas: "Se eu ouvia a música de maneira tão atenta, era para entender como ela era construída, a fim de compor também[50]". Ele passa, então, a escrever composições bastante originais que não seguem um padrão rítmico estrito. Sua música é uma transcrição do que se passa em sua mente: "os cantos dos pássaros se infiltram na minha música, às vezes de forma estilizada [...], às vezes de forma realista[51]". Essa escritura musical eleva sua palilalia à dignidade de uma solução. O primeiro tempo de criação — *contemplação* — consiste em "tocar incansavelmente essa ideia [aquela que se repete em sua cabeça], pressionando o pedal de sustentação[52]". O pedal de sustentação maximiza a ressonância. Em seguida, ele deixa a ideia se desenvolver em diferentes tipos de variação: "Repito novamente, por muito tempo, as variações que me agradam. Anoto a ideia e suas variações por escrito[53]". Assim, lacunas são introduzidas no *carrossel desvairado* que antes o dominava.

A obra que escreve lhe permite passar do caos a um equilíbrio em movimento. De fato, Antoine Ouellette considera o autismo não como um transtorno do desenvolvimento, mas como um *desenvolvimento de tipo caótico*: "Não estou me referindo aqui à simples desordem, muito menos à

---

[50] OUELLETTE, Antoine. *Musique autiste. Vivre et composer avec le syndrome d'Asperger*. Montréal: Triptyque, 2011, p. 119. Tradução livre.
[51] OUELLETTE, Antoine. *Le chant des oyseaulx. Comment la musique des oiseaux devient musique humaine*, Montréal: Triptyque, 2008, p. 11. Tradução livre.
[52] OUELLETTE, Antoine. *Musique autiste. Vivre et composer avec le syndrome d'Asperger*. Montréal: Triptyque, 2011, p. 296. Tradução livre.
[53] *Idem*, p. 297.

desorganização, mas sim ao caos da *física do caos* e das matemáticas fractais[54]".

Embora a evolução de um sistema caótico seja imprevisível, ele tende a atingir um equilíbrio por meio de mecanismos de repetição e de iteração presentes nas matemáticas fractais, através de um *atrator de Lorenz* ou *atrator estranho*. Antoine Ouellette propõe então a seguinte analogia: "ele [o atrator estranho] se assemelha de maneira surpreendente aos interesses específicos os autistas, eles também *atratores* muitas vezes *estranhos*[55]". A partir daí, a afinidade do autista poderia ser considerada como pertencente à dimensão da letra, primeiro arranhão que ele opera no caos do mundo do Outro. Um longo trajeto será necessário para que essa marca primeira se torne uma assinatura.

Em sua obra, Antoine Ouellette tenta transformar comportamentos e palavras em eco por meio da música, sob várias formas: "Adoro fazer ressoar mil vibrações com poucos sons. Além disso, percebi que a nota *mi* repetida frequentemente carregava trazia uma carga de angústia, como um sino ansioso[56]".

Uma multiplicidade de variações em torno de um elemento que se repete. Temos aqui a magnífica demonstração de um tratamento do gozo. Enquanto a palilalia reitera infinitamente o elemento marcado por um gozo em excesso, Antoine Ouellette faz entrar esse elemento Um nos efeitos de ressonância e constrói uma armadilha para o gozo. Além

---

[54] *Idem*, p. 185.
[55] *Idem, ibidem*.
[56] *Idem*, p. 299.

disso, poderíamos acrescentar que, nesse caso específico, isso permite que a letra se precipite em assinatura. Assim, em sua obra, um equilíbrio de movimento surge, uma *bestimmung* aparece:

> Constato a presença marcante de uma harmonia precisa em minhas obras. É um acorde que sobrepõe o maior [...] e o menor [...]. Essa harmonia pode ser perfeitamente equilibrada, tranquila, flutuando como se estivesse em gravidade zero: as forças dissociativas (maior e menor) estão harmonizadas. Mas em outros momentos, ela carrega uma tensão e cria dissonâncias marcantes: as forças dissociativas se exercem, o equilíbrio interior é ameaçado ou rompido. [...] Minha música me indica que essa harmonização nunca é completamente garantida.[57]

Tal *harmonia* não pode ser entendida no sentido comum do termpo. Antoine Ouellette a qualifica como "melodias em eco[58]", as quais constituem sua "assinatura sonora[59]", responsta *sinthomática* do compositor. Aqui, trata-se menos de constituir um ego do que encontrar uma modalidade de apertar o cordão do saco para que um corpo venha se constituir como domínio. Assim, contrariamente a Joyce[60], Antoine Ouellette não quer fazer um nome para si — a execução pública de suas obras lhe interessa menos pelas reações do

---

[57] *Idem, ibidem.*
[58] *Idem,* p. 298.
[59] *Idem, ibidem.*
[60] *Cf.* LACAN, Jacques. (1975-1976) *O Seminário, livro 23: O sinthoma.* Trad. Sérgio Laia. Rio de Janeiro: Zahar, 2007.

público e mais pelo que ele ouve —, mas busca uma *assinatura sonora* que só pode ser bricolada a partir do registro particular da letra.

Assinatura e *sinthoma*

O caso de Antoine Ouellette nos parece paradigmático, mas observemos que, embora a solução *sinthomática* aqui seja extraordinária, podemos encontrá-la em menor escala — embora com importância equivalente — em Thomas, em sua vocalização O|A.

O|A seria aqui o que propomos chamar, seguindo Antoine Ouellette, uma assinatura sonora: uma aliança entre o arranhão e a colocação em jogo — no mínimo — de um objeto pulsional (a voz, no caso). É a possibilidade de uma ex-sistência marcada por um estilo identificável. É importante notar que é a partir deste momento que Thomas aceita deixar que a vibração dos instrumentos se desenvolva e começa a utilizar as lâminas sonoras, assim como o metalofone, onde os fenômenos de ressonância são bastante marcados. A assinatura sonora marca, para Thomas, a passagem da utilização das vibrações (escuta ou produção de sons abafados que produzem um efeito de massagem no corpo) para a ressonância do corpo numa experimentação que oferece um lugar ao Outro.

O|A é a resposta de Thomas ao convite do Outro, trazido pelo analista. Um convite que combina a ausência de intenção direcionada à criança com um endereçamento em suspensão, o que neutraliza seu poder de atribuição. Um movimento clínico se desenha aqui, indo do riscado à assinatura, passando pelo arranhão. O|A permite que um enodamento do real, do imaginário e do simbólico seja possível, fazendo então *sinthoma*.

Neste capítulo, tentamos demonstrar que, para o autista, o desafio é ser capaz de bricolar uma assinatura que lhe permita abrir um espaço de negociação e, em seguida, de diálogo com o Outro. Essa escritura permite que um corpo se constitua, autorizando uma apresentação do sujeito no domínio do Outro. Trata-se de uma solução *sinthomática* que se precipita a partir da dimensão da letra.

Se, tanto para Antoine Ouellette quanto para Thomas, a instância da letra inicialmente se precipitou como riscado, o trabalho com os instrumentos musicais — realizado sozinho por um, com o apoio do clínico para o outro — permitiu um ato de arranhar no caos circundante, uma marca cravada no excesso invasivo de presença. Esse arranhão foi, então, inserido em um circuito que a fez emergir como assinatura, com a aparição da oposição fonemática O I A. Assinar [*signer*] para não se deixar atribuir [*assigner*] permitiu-lhes passar da iteração de um gozo à sua colocação em circulação. Tomando apoio no litoral singular definido pelo registro da letra, que aqui toma a forma de um grifo, foi criado um espaço de negociação com o Outro e, em seguida, de diálogo.

Ter traquejo com sua/a diferença

Conclusão

Ao longo deste livro, tentamos destacar o que poderia ser uma solução para o autista. Como constituir um "traquejo", um *savoir y faire*, para retomar a expressão que Lacan utiliza no seminário 23? Em outros termos, como ter traquejo com essa diferença autística?

Já em 1965, Lacan se aproximou dessa ideia de traquejo, indicando que é o paciente que sabe como fazer, e que nosso papel é apenas favorecer sua aparição: "Estamos na posição do resultado na medida em que o favorecemos[1]". Essa proposta está muito próxima da que delineamos acerca da função do analista junto ao autista: se fazer, para ele, personagem auxiliar para que "seu destino possa se cumprir", para usarmos as palavras de Owen Suskind. Doze anos mais tarde, Lacan retomará a ideia de traquejo para introduzir nela

---

[1] LACAN, Jacques. (1964-1965) *Seminário 12: Problemas cruciais para a psicanálise*. Inédito. Aula de 19 de maio de 1965.

uma nova dimensão: "Com esse material, ele [o analisando] não sabe 'traquejar?'. Ter traquejo [*savoir y faire*] é algo diferente de saber-fazer [*savoir-faire*]. Significa dar um jeitinho [*se débrouiller*]²". Saber-fazer corresponde a uma tecnicidade em um campo exterior a si e que pode ser transmitida. O traquejo implica um material que pode ser utilizado, mas para o qual não há manual de instruções. Ao situar o traquejo do lado do "jeitinho", Lacan nos convida à invenção modesta, à bricolagem como modalidades da elaboração da relação com o real. Isso se impõe na clínica do autismo.

É ao oferecer um ambiente potencial que o analista propõe ao autista iniciar um trabalho. Esse ambiente, criação do analista, requer a renúncia a toda intencionalidade, sustentando a suposição de um sujeito. É a partir desse endereçamento em suspenso que a criança poderá trabalhar suas bizarrices. As sessões tornam-se, então, locais de experimentação, nos quais o analista se ajuda, em corpo, às proposições da criança para que um traquejo possa ser elaborado. A criança precisará produzir um ato, um arranhão: primeiro apreensão do real. O traquejo com o real, aqui, não é uma questão de talento, mas uma maneira de se deixar tocar pelo real sem ser invadido.

A bizarrice, quando reconhecida, harmonizada e posta em circulação pelo analista, permite o nascimento de um estilo que autoriza o autista, a partir dessa singularidade, a se apresentar ao domínio do Outo. A constituição do estilo implica

---

² LACAN, Jacques. (1976-1977) *Seminário 24: L'insu que sait de l'une-bévue s'aile à mourre*. Inédito.

um "toque do real"³". Esse toque do real exige levar em conta "algo que vai além do inconsciente⁴". Não se trata de um "toque *de* real", mas sim de um "toque *do* real". Identificar a diferença entre essas duas formulações é essencial. A expressão *toque de real* pode ser compreendida como: um pouco de real misturado à realidade. Como no seguinte exemplo: para conseguir tal cor, precisa adicionar um toque de azul. Já a expressão *toque do real* deve ser entendida no duplo sentido de "ser tocado pelo real" e de "tocá-lo". A essência desse toque encontra-se na forma como o sujeito arranha o real ao criar um estilo.

Assim, a bizarrice de Baptiste pôde se elevar à dignidade de um estilo, no qual a parcimônia, arranhando de forma singular sua relação com o real, faz-se signo de Baptiste. Com a elaboração de um estilo, o autista não se exime de seu gozo singular, mas pode fazer dele um uso menos nefasto, até uma assinatura que seja via de acesso ao Outro.

O que assinala a singularidade de uma criança autista pertence à dimensão da letra. O tratamento de Thomas nos permitiu identificar três modalidades dela:

- o riscado, que tenta manter o Outro à distância e anulá-lo;

---

[3] LACAN, Jacques. (1973) "Televisão". In: *Outros escritos*. Trad. Vera Ribeiro. Rio de Janeiro: Zahar, 2003, p. 527.
[4] "Esse ano, digamos que, com esse *insu que sait de l'Une-bévue*, tento introduzir alguma coisa que vai mais longe do que o inconsciente.". LACAN, Jacques. (1976-1977) *Seminário 24: L'insu que sait de l'une-bévue s'aile à mourre*. Inédito. Cf. DIDIER-WEILL, Alain. *Un mystère plus lointain que l'inconscient*. Paris: Aubier, 2010.

- o arranhão, que seria a marca que o autista aceita por sobre o real, constituindo-o como tal por meio de um a-menos que lhe é imposto, e, por fim,
- a assinatura, que seria o capitonê do processo de arranhão, que permitiria simultaneamente existir o domínio do Outro e o domínio daquele que deve negociar com ele.

A presença da assinatura autista, solução *sinthomática*, seria o testemunho desse traquejo com o Outro. Ela seria o que vem fechar o domínio do Outro: "um [domínio] inteiro [que] serve de fronteira para o outro, por serem eles estrangeiros, a ponto de não serem recíprocos"[5].

A assinatura, então, deve ser entendida como o que insiste no estilo da criança autista (a parcimônia de Baptiste, o O I A de Thomas, as melodias em eco de Antoine Ouellette, a escultura da pintura de Zoe...), aquilo que a identifica absolutamente em sua maneira de arranhar o real, seu traquejo permitindo-lhe transformar o que a aprisionava em um movimento que a autoriza a inscrever-se no mundo — uma solução *sinthomática*.

Abertura: Para uma inserção exclusiva

Este livro destacou o reconhecimento necessário da diferença autística e como ela pode ser apreendida, sem ser tratada apenas sob sua face deficitária. Se esse ponto de vista é

---

[5] LACAN, Jacques. (1971) "Lituraterra". In: *Outros escritos*. Trad. Vera Ribeiro. Rio de Janeiro: Zahar, 2003, p. 18. Tradução modificada.

a princípio compartilhado, é inegável que a vontade de tratar o autista frequentemente se transforma em uma furiosa vontade de inclusão que se abate sobre a criança. Retomemos as palavras de Mireille Battut, mãe de Louis, diagnosticado autista:

> Desde a publicação da nova "Estratégia nacional para o autismo dentro dos transtornos do neurodesenvolvimento",[6] a inclusão se tornou a palavra de ordem, não mais como um ideal desejável, mas como uma exigência inquestionável.[7]

Essa demanda por "inclusão" é cheia de boas intenções, mas não podemos deixar de notar as dificuldades enfrentadas pelas crianças e pelas instituições (de saúde, educacionais ou escolares) na forma como essa inclusão é proposta. Na verdade, poderíamos ter suspeitado disso se tivéssemos prestado mais atenção ao termo utilizado. Afinal, "inclusão" é uma escolha bastante curiosa. Sua etimologia não remete à ideia de confinamento? Se a inclusão consiste em colocar no interior, seu objetivo, a partir daí, é apagar a diferença autística. Isso deveria ser suficiente para nos alertar. Da mesma forma, fala-se de inclusão como um processo estilístico, quando uma frase ou verso começa e termina pela

---

[6] "Nouvelle stratégie nationale pour les troubles du neurodéveloppement : autisme, Dys, TDAH, TDI 2023-2027", disponível no site do governo pelo endereço: https://handicap.gouv.fr
[7] BATTUT, Mireille. "Enseigner l'autiste?". In: *Parents et psychanalystes pensent l'autisme*. Paris: Le Champ freudien, 2021, p. 159.

mesma palavra[8]. Novamente encontramos o confinamento, o fechamento que é o sintoma que deu ao autismo seu próprio nome. Essa análise da linguagem não nos leva a perceber, por trás dessa boa vontade de cuidar, um furor de normalização, como Freud falava da fúria de curar, o *furor sanandi*?

Nossa proposta é diferente, e, com base nas surpresas e descobertas feitas pelos pais ou na clínica, defendemos que não pode haver acolhimento sem atenção ao estilo singular da criança, o que é o oposto da inclusão.

Ao termo "inclusão", preferimos o de "inserção", que consiste em encontrar seu lugar em um conjunto, o que só pode ser feito levando em conta a diferença irredutível da criança autista[9]. De fato, etimologicamente, a "inserção" remete ao "enxerto" [*greffe*],[10] que sabemos que pode pegar... ou não! Para que o enxerto possa pegar, é preciso que alguns parâmetros essenciais sejam respeitados: acolhimento específico da criança, disponibilidade e formação dos profissionais, acompanhamento regular... Como mostramos ao longo deste livro, se a criança autista pode encontrar uma forma de se inscrever no mundo, isso muitas vezes ocorre a partir de um lugar singular e de um espaço específico: entre a cena e as

---

[8] Definição de "inclusion" segundo o site do Centre National de Ressources Textuelles et Lexicales, consultado em 24 de outubro de 2023. https://www.cnrtl.fr/definition/inclusion

[9] Abordamos essa questão em nosso primeiro trabalho, diferenciando o funcionamento do grupo, que seria vetorizado pela inclusão, daquele da trupe, que trabalharia sobre a inserção. ORRADO, Isabelle; VIVES, Jean-Michel. *Autismo e mediação. Bricolar uma solução para cada um*. Trad. Paulo Sérgio de Souza Jr. São Paulo: Aller Editora, 2022, p. 69-80.

[10] Site do Centre National de Ressources Textuelles et Lexicales, consultado em 14 de agosto de 2024. https://www.cnrtl.fr/etymologie/insertion#:~:text=au%20b.,ins%C3%A9rer).

coxias, onde ela pode sustentar uma posição enunciativa que a distinga radicalmente. O caso de Baptiste demonstra isso, e o trabalho de sua professora é exemplar e deve ser comemorado. Não podendo "incluir" Baptiste no espetáculo de fim de ano, ela aceita que ele se posicione na borda das coxias: nem em cena, nem fora dela. É nessa margem que Baptiste encontrou uma forma de se inserir na instituição escolar. A talentosa professora desenvolve, então, o que propomos chamar de "uma inserção exclusiva". Exclusiva, no sentido de pertencer a um só, com exclusão dos outros, por privilégio especial. Não a inclusão para todos, mas a inserção para cada um, a inserção exclusiva. Frente ao universal, apostamos na singularidade. Isso, claro, é utópico: as instituições dirigem-se a todos, sendo particularmente difícil — fora de raros momentos — focar-se exclusivamente nessa criança para garantir que as bizarrices que a excluam possam servir de base para sua inserção. No entanto, não há outro caminho, como nos mostrou Thomas, que, por sua vez, conseguiu ao menos uma inscrição na instituição onde é acolhido. E isso, a partir de um trabalho realizado em um espaço separado da instituição, um ateliê feito sob medida para ele, um lugar não totalmente integrado à engrenagem institucional, mas também não fora dela. Foi assim que Thomas encontrou uma forma de assinar sua presença e se inserir na instituição, *não--todo* incluído[11].

A partir disso, parece desejável não impor à criança autista a obrigação de ser incluída em um espaço no qual, na maioria

---

[11] *Cf.* LEBLANC, Virginie. "Pas-tout inclure", *Mental*, n°45, juin 2022, p. 7-9.

das vezes, ela enfrenta grandes dificuldades, mas sim acompanhá-la para que possa se inserir nele a partir de sua diferença. Isso requer, no mais das vezes, um trabalho específico e prévio, envolvendo diversos parceiros da criança, que devem trabalhar juntos: pais, educadores, professores, terapeutas... É isso que permitirá à criança autista construir um traquejo [*savoir y faire*] com sua diferença e, em um segundo tempo, permitirá que o ambiente possa ali fazer [*pouvoir y faire*] com essa diferença, que deixa de ser uma diferença intolerável, tornando-se um estilo irredutível com o qual é preciso conviver.